한국 근대전환기의 사상 지형

— 유학적 도덕중심주의의 분화

근현대총서 4

한국 근대전환기의 사상 지형
— 유학적 도덕중심주의의 분화

A Topography of Thoughts in the Modern Transitional Period of Korea
— Differentiation of Confucian Moral-Centricism

지은이 박경환
펴낸이 오정혜
펴낸곳 예문서원

편집 유미희
인쇄 및 제책 주) 상지사 P&B

초판 1쇄 2024년 12월 30일

출판등록 1993년 1월 7일(제2023-000015호)
주소 서울시 동대문구 왕산로 239, 101동 935호(청량리동)
전화 925-5914 | 팩스 929-2285
전자우편 yemoonsw@empas.com

ISBN 978-89-7646-495-8   93150
© 朴璟煥 2024 *Printed in Seoul, Korea*

YEMOONSEOWON 101-935, 239 Wangsan-ro, Dongdaemun-Gu, Seoul, KOREA 02489
Tel) 02-925-5914 | Fax) 02-929-2285

값 18,000원

* 이 책은 한국국학진흥원 2023년 연구년 지원으로 간행되었다.

근현대총서 4

한국 근대전환기의 사상 지형

유학적 도덕중심주의의 분화

박경환 지음

예문서원

저자 서문

이 책은 저자가 오랫동안 주목한 한국 근대전환기 유학의 현실 인식과 대응을 도덕중심주의의 내재적 분화와 외재적 극복의 측면에서 조명한 연구 성과를 담고 있다.

동아시아 사상사에서 전근대에서 근대로 이행하는 시기는 가히 사상적 일대 전환기라고 할 만한 변화가 있었다. 이를 유학사로 한정해서 보면 근대전환기는 춘추전국시대에 비견할 만한 변화의 시기였다. 춘추전국시대가 공자를 필두로 하는 유학사상이 대두되고 형성된 시기였다면, 근대전환기는 공자 이래 2500여 년간 전개된 유학이 분화와 해체로 나아간 시기였다. 또한 춘추전국시대 유학의 형성이 주나라 봉건질서의 와해라는 내재적 계기에 의해 주어졌다면, 근대전환기 유학의 분화와 해체는 이른바 서세동점의 외재적 충격에 의해 촉발된 사상적 대응의 결과였다.

한국유학의 근대전환기로 시선을 집중해서 살펴보면, 그 변화의 핵심은 맹자에 의해 주창되고 북송대 성리학의 대두와 더불어 구체화된 내성적 도덕중심주의의 내재적 분화와 외재적 극복이라는 양상으로 나타났다.

이 책은 근대전환기의 그러한 사상적 지형의 변화를 외재적 극복의 측면에서는 동학사상의 전통 유학에 대한 계승과 극복의 관점에서 조명하고, 내재적 분화의 양상은 이 시기 퇴계학파의 마지막 성원이었던 서산 김흥락과 그 제자인 동산 류인식, 해창 송기식의 현실 인식과 대응을 통해 조명하고자 했다. 이를 통해서 유학의 사상적 본질, 근대전환기라는 역사적 상황에서 노정한 한계, 그리고 그것을 넘어서려는 다양한 사상적 모색의 귀결을 제시하려 했다.

저자가 이 시기 유학에 주목하는 이유는 현재적 문제의식에서 기인한 것이다. 비록 근대전환기 유학이 국망의 현실로 인해 해체의 길로 나아갔지만, 그것은 유학적 가치 자체의 소멸을 의미하는 것은 아니다. 근대전환기 유학은 사회체제의 토대이자 당대인들의 지배적이고 전일적인 가치관과 세계관으로서의 역할의 지위를 상실한 것일 뿐이기 때문이다. 유학은 당시로부터 100여 년이 경과된 현재 한국인들의 의식 저변에 잔존하고 있고, 한국 사회 특유의 현상의 배후 요인으로 일정한 영향력을 지니고 있다.

그런 점에서 유학의 현대적 의의와 역할에 대해 캐묻고 탐색하는 것이 여전히 의미 있고 필요한 작업이라는 것이 저자의 생각이다. 한국유학사에서 어느 시기보다 현실과 사상의 상호작용이 강렬했던 당시의 사상적 지형을 조망한 이 연구가 그 작업에 미력이나마 도움이 되기를 기대한다.

2024년 12월 저자 씀

차례

제1장
근대전환기에 주목하다

1876년 개항을 기점으로 조선 사회는 전근대에서 근대로 전환하게 된다. 개항을 전후한 이 시기는 임진왜란과 병자호란 이후 축적되어 온 사회적 동요가 1811년의 홍경래의 난을 기점으로 1862년의 진주민란, 1882년의 동학농민운동 등의 민중운동으로 전개되며 깊어지고 있었고, 밖으로는 일제를 비롯한 서구 제국주의의 침략으로 조선 사회는 미증유의 혼란과 위기의 국면으로 치닫게 된다.

1866년 프랑스 함대가 강화도를 침략해 약탈하던 병인양요 때까지도 조선 정부는 서양의 침략 세력과는 화친和親할 수 없다는 외세배척의 결의를 새긴 '척화비斥和碑'를 전국 각지에 세웠다. 이러한 위기 상황 속에서도 당시의 정치 세력은 민심을 도외시한 척족의 세도정치에 골몰하고 있었다. 1876년 강화도 사건을 계기로 외세에 굴복한 조선은 마침내 문호를 열어 통상을 허용하였고, 이후 서구 열강들과 잇달아 수호통상조약을 맺으며 개화기로 접어들게 되는데, 개항이라는 외세의 압력 속에서 조선 사회는 쇄국과 개화의 기로에서 방황하게 된다.

동아시아의 근대전환기는 중국의 경우는 아편전쟁(1840) 전후, 한국의 경우는 개항(1860) 전후에서 시작된다. 이는 서구로부터의 충격에 의해 유학이념과 조공체제에 기반한 중국 중심의 천하질서가 약화 또는 붕괴되고 제국주의적 침탈에 따른 내외적 모순이 점증하는 가운데, 봉건封建과 근대近代, 동東과 서西의 경계가 무너지던 시기였다. 양국의 개별적 조건에 따른 차이는 있었지만, 이러한 내외의 격변은 당시 유학적 지식인들에게 가히 "오늘날 세상의 변화는 춘추시대에 없었던 정도가 아니라 진한秦漢 이래 원명元明시기를 통틀어서도 있은 적이 없었던 큰 변화"[1]라는 탄식을 자아내기에 족한 것이었다.

조선을 포함한 동아시아 제국은 19세기 후반 봉건시대에서 근대로의 전이를 경험한다. 그런데 그것은 준비된 과정이 아니라 서구 혹은 서구를 한발 앞서 배운 일본에 의한 제국주의적 침탈로 인한 내외적 모순에 의해 강요된 것이었고, 따라서 그 전이 양상도 급박하고 다양할 수밖에 없었다. 사상사에서의 근대로의 전이는 곧 지배적 가치관과 세계관이었던 유학의 지위 변화를 의미한다. 그리고 그것은 유학적 가치의 강고화, 전면적 부정, 부분적 변용 등의 여러 모습으로 나타난다.

유학의 사상적 독점이 붕괴되면서 조형된 이 시기의 사상 지형을 구체적으로 들여다보면, 정통론에 입각해 유학(주자학)의 사상적 순결성을 고수하고 명분론적 실천을 강화하려던 위정척사衛正斥邪운동의 대두와 유학의 틀을 벗어나 서구 종교에서 새로운 대안을 찾아 나섰던 서학 수용이 양 극단에 자리 잡고 있고, 시무時務에의 실용성을 강조하며 유학이념

---

1) 張之洞, 『勸學篇』, 「序」.

의 현실적 변용과 서구의 물질적 진보 나아가 사조까지도 동시에 수용하려 했던 개화사상이 그 어간에 자리 잡고 있다.

내우외환의 위기에 직면한 19세기 말, 조선의 유학적 지식인들은 국가적 위기를 타개하기 위한 다양한 대응을 하게 된다. 그러한 대응책은 크게 종래의 전통적인 성리학적 세계관을 재정비하여 안을 단속하고 외세의 침탈을 배척하려는 위정척사론과 동도서기의 논리를 토대로 개항을 통해 서구의 장점인 선진적인 과학과 기술을 수용함으로써 우승열패의 냉혹한 생존의 싸움에서 살아남으려 한 진보적 개화사상으로 나타났다.

이 시기 동아시아의 사상적 지형은 크게 볼 때 정통 사상인 유학 중심의 사상적 굴절 혹은 다기한 분화로 특징지어진다. 이를 구체적으로 살펴보면 변화하는 현실에 맞선 유학의 비타협적 묵수, 현실 타개를 위한 유학의 모색에 따른 절충과 재해석, 유학에 대한 내재적 부정과 외재적 극복 등으로 나눌 수 있다.

조선의 경우, 비타협적 유학 묵수는 위정척사운동으로 나타났고, 절충과 재해석은 동도서기론東道西器論과 유교종교화론을 포함하는 유교 개혁의 움직임으로 나타났으며, 유학 부정은 변법개화파들의 유학 이탈과 동학의 대두로 귀결되어 갔다. 이러한 사상적 지형은 중국에서도 대동소이하게 나타난다. 즉, 유학적 가치의 절대성을 믿었던 보수 완고파에 호남 장사長沙의 왕선겸王先謙과 그의 문인이자 양계초 비판에 앞장섰던 소여蘇輿 그리고 위인倭仁 등이 있었고, 중체서용론中體西用論에 입각해 서학의 수용을 통한 자강과 유학의 유연한 현실 대응을 강조했던 양무파洋務

派의 증국번曾國藩, 장지동張之洞 등이 있었으며, 유학의 내재적 부정의 길을 걸어간 강유위康有爲, 담사동譚嗣同 등의 변법파變法派가 있는가 하면 외재적 부정의 길을 모색한 태평천국太平天國의 홍수전洪秀全이 있었다.

한중 양국에서 이와 같이 유사한 사상적 모색이 전개되었던 것은 무엇보다 양국이 직면한 내외적 대동소이했던 데 그 원인이 있겠지만, 또 하나 같은 고민을 지녔던 양국 지식인들의 긴밀한 접촉과 정보 교류도 무시하지 못할 요인이었다.[2] 이러한 유사성으로 인해 이 시기 한국 유학의 전개 양상을 고찰하는 것은 곧 당시 동아시아 전체 유학의 변화를 이해하는 첩경이라는 의미를 지닌다고 할 수 있다.

전근대에서 근대로 이행하던 구한말은 한국유학사에 그에 상응한 사상적 지형의 일대 변동이 일어난 중요한 시기이다. 가장 큰 지형의 변화는 오백 년의 시간 동안 우리 사회의 정치제도, 생활규범, 그 구성원인 한국인의 가치관과 세계관을 형성하며 일상을 지배했던 사상적 기반인 유학에서 나타났다. 사상과 현실의 상호관계를 고려하면 이는 지극히 자연스러운 현상이다. 사상은 현실의 변화에 조응해 때로는 현실에 앞서서 때로는 현실을 따라가며 새로운 시대를 열거나 적응하는 양상으로 새로운 지형을 만들어 갔다.

이 책에서는 그러한 지형 변화의 본질을 유학이 공맹孔孟의 원시유학

---

2) 근대전환기 중국 사상가들의 조선에 대한 영향은 컸다. 많은 이들이 전통 유학의 가치를 지키면서 서구의 문물과 제도를 수용해 자강을 도모하려 했던 공통적 문제의식 아래 직간접적으로 중국학자, 특히 변법파의 대표적 인물인 康有爲, 梁啓超 등의 영향을 깊게 받았다. 정재학파의 류인식, 이상룡과 한주학파의 이병헌 등이 그 대표적인 인물들이다.

이래 견지해 온 도덕중심주의의 해체와 동요를 포함한 변화로 규정하고, 그 현상적 양상을 조명하고 의미를 드러내려고 한다. 이를 당시 유학계 내부와 외부로 구분해 살펴보면 다음과 같다.

우선, 유학계 외부의 사상적 변화는 유학자 출신이었지만 내외의 모순이 초래한 현실 앞에서 유학의 굴레를 벗어나 새로운 사상의 길을 열어 간 수운 최제우의 동학사상 대두로 나타났다. 동학사상에는 유학에 대한 계승과 비판의 양면이 공존하고 있다. 최제우의 동학은 유학의 도덕중심주의가 지닌 가치 자체는 긍정한다. 다만 그것이 형해화되고 교조화되어 시대의 문제에 속수무책인 한계를 비판하고, 영성의 강조와 종교적 실천력의 확보를 통해 새로운 시대를 열어 갈 사상적 출로를 모색하게 된다. 그러한 모색의 결과가 동학 창도였다.

한편 유학계 내부에서는 유학적 도덕중심주의를 둘러싼 구심력과 원심력이라는 상반된 힘의 길항에 따른 사상적 지형의 변화가 나타났다. 구심력은 도덕중심주의의 강화와 외세 배척인 내수외양內修外攘과 위정척사衛正斥邪를 주장하고 실천하는 사상적 흐름이었다. 원심력은 동도서기東道西器의 관점에서 도덕중심주의의 한계를 넘어서 서구 문물과 제도의 수용과 유학 자체의 개신改新을 통해 현실을 타개하려는 혁신유학의 모색이었다.

이상에서 개괄한 한국 근대전환기 사상 지형 변화 가운데 유학계 내부의 양상은 안동지역의 퇴계학파의 끝자락에서 전형적으로 나타났다. 따라서 여기서는 서산西山 김흥락金興洛과 그 문도인 동산 류인식과 해창 송기식을 통해 유학적 도덕중심주의의 약화와 해체의 양상을 살펴보려

한다. 이들 스승과 제자들의 시대 인식과 대응에서 급변하는 현실의 변화에 직면한 사상적 변화의 양상이 잘 드러나고 있기 때문이다. 이러한 변화의 계기는 유학의 내재적 범주의 측면에서 보면, 현실 대응의 중심을 수기修己로부터 경세經世로 옮겨 간 것으로도 이해할 수 있다. 이를 사상의 연속성이라는 관점에서 보면, 비록 내적으로는 계승과 절충 그리고 부정 등 다양한 분화 양상을 보이고 외적으로는 대체 혹은 극복이라는 차이가 있지만 크게 보아 그것은 전통사상인 유학이 지향한 도덕중심주의의 동요와 해체로 귀결된다.

한편, 이러한 사상적 지형의 변화는 한국유학의 고립적인 사상 변화가 아니었다. 시기의 차이는 있지만 유사한 역사적 조건에 노정된 중국유학에서도 대동소이하게 나타났고, 특히 유학의 종교화를 포함한 한국의 유교혁신의 모색은 선행한 중국 학자들의 영향을 받았다는 것도 확인할 수 있기 때문이다. 한국유학의 경우 이러한 현실 대응은 특히 지연과 혈연 그리고 학연이라는 중첩적 관계망 속에서 자족적 전개를 보여 준 안동을 중심으로 한 퇴계학파의 끝자락인 서산 김흥락과 그 문인들에서 전형적으로 체현되었다.

근대전환기 유학의 분화와 해체 과정에서 우리는 두 가지의 주도적인 패턴을 발견하게 되는데, 그것은 실용성의 강조와 주관적 능동성의 강화이다. 이는 폐쇄적이고 따라서 자족적인 체제에서 주도적 사상으로서 배타성을 지닌 채 기능했던 유학이 근대전환기의 외재적 충격에 직면해 대응하는 과정에서 체현하게 된 특징으로 이해할 수 있다.

우선, 실용성의 강조는 서구의 기술과 무력이라는 현실적 힘에 대응할 수 있는 객관적 역량의 강화 필요성에 의해 제기된다. 전통적 개념인 기器로 포괄될 수 있는 물질적 역량의 강화라는 실용 중시를 통한 자강自強의 길이 그것이다. 이러한 경향성은 특히, 내內와 외外 혹은 동東과 서西 사이의 갈등과 교섭 가운데서 일정한 절충을 통한 서구기술에 수용적이던 동도서기적 유교혁신론과 제도개혁을 통한 현실의 변화를 추구한 학자들에서 두드러진다. 이들은 현실 대응력을 잃고 무기력에 빠진 유학을 성리학의 수기修己에 편중된 도덕중심주의를 공자의 원시유학으로 돌아가 또 하나의 중요 명제인 경세經世의 실용주의적 측면을 복원하려는 모색이기도 했다.

주관적 능동성의 강화는 서구의 기술과 무력이라는 압도적인 현실적 힘을 넘어서는 길은 주관적 역량의 강화를 통해서 가능하다는 인식에 따라 제기된다. 주관적 능동성과 역량의 강조라는 것은 전통적 개념으로 말하면 곧 심心의 역량에 대한 강조이다. 다시 말해 정신적 역량의 극대화를 통해 현실의 난관을 극복하고 외세를 물리치는 자강自強을 도모한 것이다. 이는 서구에 비타협적이고 적대적인 태도를 견지한 위정척사론자와 동학 진영에서 두드러지게 나타난다.

위정척사론자들에게 일반적인 리발理發의 강조나 동학의 수심정기守心正氣와 성경신誠敬信에 대한 강조는 이 심心으로 대표되는 주체 역량의 강화와 밀접한 관련이 있다.

흥미로운 사실은 유학의 근대전환기 현실에 대한 대응 결과 나타난 실용성과 주체성의 강조라는 상이한 대응과 지향은 전통 유학이 그 종결점에서 만나게 되는 근대성의 실질과 대단히 유사하다는 점이다. 그리고 그것은 이후 이 땅의 역사에서 구체적 현실에 대한 사상적 대응에서 지속적으로 관찰되는 사상적 패턴이기도 하다.

결국 유학은 근대의 전환기에서 앞서 살펴본 바와 같은 다기한 사상적 분화에 의해 자신의 사상적 소명을 다하고 역사의 전면에서 물러나고 새로운 근대적 이념들이 그 자리를 대신하게 된다. 그러한 근대로의 완전한 전환 과정에서 과도적 역할을 수행한 것이 실용성 중시의 유학혁신론과 주체성 중시의 동학이다.

한 사회의 지배적 이념으로 기능하면서 당대인들의 가치관과 세계관을 지탱했던 유학은 앞에서 본 것처럼 근대전환기의 현실 앞에 분화와 대체로 종언을 고했다. 그럼에도 유학적 사유의 흔적은 한국 사회의 다양한 현상과 한국인들의 의식 저변에 남아 있고, 그래서 우리는 당대 한국사회와 개인에 대한 분석과 해명에서 유학적 가치의 현재적 의미와 역할에 대한 질문을 던지곤 한다. 그러한 질문에 대한 해답을 구하는 데 있어 근대전환기 유학이 드러낸 한계와 특징은 시사하는 바가 적지 않다고 할 수 있다.

이 책에서는 한국 근대전환기의 사례를 주 대상으로 하되 유학을 중심에 두고 '비타협적 묵수, 동도서기적 절충과 분화, 외재적 극복'이라는 세 측면에서 이 시기 사상 변화를 고찰함으로써 유학이 전근대의 전통 사회로부터 근대로 이행하는 과정의 전체적인 지형을 파악해 보려고 한다. 그 중에서 앞의 두 가지 위정척사운동과 유교개혁론이 도덕중심주의를 핵심으로 하는 유학적 가치의 절대성에 대한 공통된 신념에 근거를 둔 상이한 현실 대응이라면, 세 번째 외재적 극복은 유학을 대신할 새로운 사상적 대체물의 건립 시도였다. 여기서는 외재적 극복의 대표적 사례로 동학東學을 검토하고자 한다.

본 연구는 근현대 전환기 동아시아 유학의 사상적 변이를 살펴보려는 전체 계획의 한 부분이다. 따라서 전면적 연구의 단계에서는 지역적으로는 한국과 중국에 걸쳐 있고 유파에 있어서 한국의 경우 위정척사, 동도서기론 및 유학종교화를 포함하는 유학혁신론, 개화사상, 동학사상 등을 망라해 비교연구의 관점에서 분석해야 할 것이다. 다만, 논의를 효율적으로 전개하기 위해서 고찰의 대상을 유학 내부에서는 내재적 분화의 모습을 전형적으로 드러낸 학파의 사례를 찾고, 유학 외부에서는 당시의 다양한 모색 중에서 동학사상을 선택하는 등의 선택이 불가피했다.

우선, 근대 이행기 양국의 사상적 변동을 나란히 열거해 대비하지 않고 조선의 경우를 위주로 논의를 전개하면서 필요에 따라 중국의 사례를 비교 검토하기로 한다. 또한, 한국유학의 경우를 위주로 하되 구체적 분석 사례는 영남지역 퇴계학파 유학자들을 주 대상으로 했다. 또한 논의의 집약을 위해서 유학의 주요 이론과 범주를 중심으로 했다. 내재적 분화든 외재적 극복이든 유학사상의 전개 양상을 연속적으로 추적하기 위해서는 주된 분석의 대상이 되는 이론 및 범주가 있어야 하기 때문이다. 이와 관련, 본 연구에서는 리기론理氣論과 도기론道器論을 중심으로 하는 본체론 사유, 의리론義利論을 중심으로 하는 가치론적 사유 및 현실인식과 대응의 방법을 주된 검토의 대상으로 삼고 논의를 전개하려고 한다.

제2장
근대전환기의 사상 지형

1. 도덕중심주의 계승과 극복, 동학

전통적 성리학적 가치의 현실에 대응한 분화의 측면에서 보면 이들 유학 내부의 고수와 개신의 모색 외에도, 과감히 성리학적 세계관의 틀을 깨고 나아가 서구적 가치와 신앙을 포괄한 서학(천주교)을 통해 새로운 사회를 모색하려던 서학과 그에 대한 견제로 전통 유학적 가치관을 토대로 조선의 현실과 민중의 염원을 반영한 새로운 신앙을 통해 새로운 시대를 열고자 했던 동학이 있었다.

비록 직면한 당대의 현실 모순을 타개하는 과정에서 과거(傳統)에 대한 인식과 외부 세계(西洋)에 대한 대응의 태도에 있어서 차이가 있기는 하지만, 이들 사상적 모색은 한결같이 지배계층인 유학적 지식인들에 의해 주도되었다는 공통점을 지닌다. 이와 달리 기층민중의 편에 선 지식인들에 의한 모색도 있었으니, 신흥 종교사상의 대두가 그것이다. 이들 종교사상은 고통 받던 대다수 민중의 염원을 반영함으로써 어느 사상적 모색보다 강렬한 현실 극복과 초월의 의지를 담고 있으며 혁신적이다.

이들은 새로운 시대의 도래에 대한 열망과 그것을 가져다 줄 자신들 신앙의 절대적 진리성에 대한 확신 속에서 현실을 넘어서는 방안을 종교적 실천에서 찾았다. 이들 신흥 종교사상 중 가장 대표적인 것이 동학이다.

동학의 창시자인 최제우는 전통 유학의 가문에서 나와 유학적 사유에 깊이 훈습되어 있었던 만큼, 동학이 사유 형식과 내용에서 많은 부분 유학에 의존하지 않을 수 없었다. 역설적이게도 동학은 유학을 넘어서 새로운 세상을 여는 주된 통로를 바로 그 유학적 사유의 계승과 극복에서 찾았던 것이다. 따라서 동학에는 당시 유학이 빠진 주자학 말류의 폐단은 물론이고 지배이념으로서 기성질서와 가치를 유지하는 역할을 하는 과정에서 띨 수밖에 없었던 한계를 떨쳐 내고 본연의 이론적 지향을 완선하게 구현한 결과가 반영되어 있다. 그런 점에서 동학은 당시 유학이 지닌 한계에 대한 수정과 변용(更正)의 결과라 할 것이다. 최제우가 동학과 유학의 관계에 대해 '크게 보아서는 같지만 작은 차이가 있다'(大同小異)는 말로 개괄한 것은 양자의 이러한 관계를 지적한 것이다.

최제우에 따르면 유학은 성인이 자연에 대한 관찰을 통해 현상계 일체 변화의 원인과 존재의 근원을 하늘에서 찾음으로써 천명에 대한 공경과 천리에 대한 순응을 제시했고, 배움을 통해 천도를 밝게 깨닫고 천덕天德을 닦는 것을 도덕적 인격에 이르는 방법으로 제시하고 있다고 한다. 즉, 모든 존재의 근원이자 변화의 궁극적 원인인 천도天道에서 찾고 그것이 내 안에 갖추어진 천덕을 체현해 냄으로써 도덕적 인격의 완성을 궁극적 목표로 지향한다는 것이다.

유학의 본질과 근본 지향에 대한 최제우의 이러한 이해는 정확하다.

그리고 최제우가 추구한 동학 역시 이러한 사유 형식과 지향을 이어받고 있다. 이처럼 최제우는 본연의 유학에 대해 이해와 긍정적인 태도를 지녔을 뿐 아니라, 자신의 동학을 그것과의 연속선상에서 파악함으로써 어떤 의미에서는 경천敬天에 있어서 유학의 계승을 자임하고 있기도 하다.

그가 "역괘 대정大定의 수를 살피고 삼대에 경천敬天하던 이치를 살핌에, 옛 유학자들이 천명에 순종한 것을 알겠으며 후학들이 그것을 잊어버린 것을 탄식할 뿐이로다"[1]라고 하면서 원시유학의 정신을 망각하고 제멋대로 마음을 냄으로써 천리를 따르지 않고 천명을 돌아보지 않는 당시의 현실을 비판하면서 유학적 도덕규범의 중요성과 그 실천의 필요성을 긍정하거나, "임금이 임금답지 못하고 신하가 신하답지 못하며 아비가 아비답지 못하고 자식이 자식답지 못한" 현실을 평생의 근심으로 삼은 것[2] 등을 통해서 그가 유학의 도덕규범을 중시했다는 것을 알 수 있다.

최제우가 인의예지를 근간으로 한 앞선 성인의 가르침인 유학과 수심정기守心正氣를 근간으로 하는 자신의 동학을 '대동소이'라고 한 것은 이러한 이해에 근거한 것이다. 최제우가 생각한 유학과 동학의 '대체적인 동질성'(大同)은 바로 도덕 주체로서의 인간 이해와 그러한 인간 본성의 실천과 구현의 중요성을 강조한다는 점이다. 다만, 윤리규범이 외재적 형식으로 굳어 버림으로써 인간 내면에 호소하는 자율적 실천 덕목으로서의 기능을 상실하고 현실과 유리되어 가는 현상을 비판한다.

---

1) 『東經大全』, 「修德文」.
2) 『용담유사』, 「몽중노소문답가」.

2. 도덕중심주의 고수, 위정척사

19세기 조선의 서구문명에 대한 시대적 대응의 한 주류는 위정척사 운동이었다. 위정척사운동은 안으로 성리학적 질서를 수호하고 밖으로 서구문명이나 일본의 침탈을 배척하는 양상으로 전개되었다. 위정척사 운동은 조선시대의 화이론적 세계관이 반영된 현실 대응이었다. 중국에 서 화이론은 중국이라는 지리적 기준과 한족이라는 종족, 유교라는 문화 적 기준이 포괄적으로 내포되어 있었다. 18세기 이전까지 조선의 유학자 들도 그러한 기준으로 중화와 이적을 구분했지만, 18세기 이후 '명에 의 한 중화 회복'이 현실적으로 불가능함을 인식하면서부터 조선이 동아시 아에서 유일하게 중화문화를 계승했다는 이른바 '소중화'론을 강조하게 되는데, 19세기 서구와 일본의 침략에 대응한 논리로 '문화적 화이관'을 내세우게 된다. 호남의 노사학파, 영남의 한주학파, 기호의 화서학파 등 이 그들인데, 이들이 제시한 중화의 이적을 구분하는 문화적 기준은 조 선 사회의 사상적 토대였던 성리학적 세계관이자 가치관이었다.

위정척사란 도통道統을 중시한 유학에서 유학적 진리를 기준으로 정 正과 사邪를 나누어 정학正學을 옹위하고 사학邪學을 배척하려는 이념을 말한다. 유학이 이처럼 정사正邪의 기준에 따라 정통과 이단을 구분한 것 은 유래가 오래다. 일찍이는 맹자孟子가 양주楊朱와 묵적墨翟 사상의 유행 에 따른 유학의 위기에 맞서 위도衛道를 자임해 이단異端의 이름으로 이 를 내치는 전략을 구사한 적이 있다.[3] 이러한 맹자의 이단배척론은 북송 성리학 시기에 이르러 사회적·사상적 요인으로 인해 촉발된 도불道佛

배척으로 이어졌고 그 과정에서 성리학적 관점에서의 정통 계보에 관한 이론인 도통론道統論이 확정되게 된다.

근대전환기의 유학적 가치를 고수하려는 위정척사운동은 그러한 유학적 정통론에 입각해 서양의 학문과 문물을 이단과 '사邪'로 규정하고 배척하고 유학적 가치를 수호하려는 사상적 대응이었다. 조선유학의 특징 중의 하나는 도통의 집대성자인 주자에 대한 존숭인 '주자학일존주의朱子學一尊主義'인데,[4] 이는 특히 근대전환기 위정척사 계열의 학자들에게서 강렬한 행동력으로 작용하게 된다.[5] 그렇게 볼 때 근대전환기의 위정척사사상은 서구의 충격에서 촉발된 것이 아니라, 성리학 수용 이후 주자학 일존주의의 전통 속에서 주자 도통의 계승을 자부했던 각 학파들이 공통적으로 지녔던 정통과 이단에 대한 준엄한 가치분별 의식이 유학 중심의 동아시아 가치와 서구 가치가 충돌하던 상황에서 드러난 결과이다.

이들 위정척사론자에게 있어서 수호해야 할 대상인 유학적 가치, 즉 성인의 도道의 중요성은 국가나 체제의 존망과 같은 기器의 차원의 문제를 넘어서는 것이다. 당시 그들이 느낀 위기의 깊이와 그에 따른 각오의 엄중함은 화서 이항로가 "천지간에 한 줄기 양陽의 기운이 우리 조선에

---

3) 그런 맥락에서 한주 이진상은 "中華를 존숭하고 夷狄을 배척하는 것은 만세의 변하지 않는 기준이었습니다"(『寒洲全書』, 권4, 「擬請備北邊疏」)라고 말한다.

4) 강재언, 『근대한국사상사연구』, 54쪽.

5) 예를 들어 이항로는 자신이 존숭한 송시열의 "말하는 대로 모두 옳으니 그가 주자요, 일마다 모두 옳으니 그가 주자이다"라고 한 말을 그대로 이어, 주자학은 "천하의 진수를 모은 것이고 천하의 선한 것을 모은 것"이라고 평가한다.

있는데, 만일 이것마저 파괴된다면 천심天心이 그것을 용서하겠는가? 마땅히 천지天地를 위하여 마음을 세워서 이 도道를 밝게 밝히기를 불을 끄는 것처럼 급히 해야 한다"[6]고 한 말에서 잘 드러난다.

이제 이러한 위정척사운동의 철학적 기반을 간단히 살펴봄으로써 사상과 실천의 상관관계를 확인해 보기로 하자. 우선, 실천으로서의 위정척사는 대체적으로 리일원론理一元論을 사상적 기반으로 하고 있다. 그리고 그들의 리일원론은 리기理氣 관계의 정의에 있어서 '리기불상리理氣不相離'보다는 '리기불상잡理氣不相雜'에 의해 지지되며, 그러한 불상잡不相雜으로서의 리理는 그 자체에 운동성과 작위성을 지니는 능동적 원리로 이해된다. 리理에 대한 이러한 이해의 핵심적 의도는 기氣에 대한 리理의 우위성은 물론이고 사邪로부터 지켜야 할 리理에 절대성과 초월성 부여하는 동시에 능동적인 작위성을 부여하려는 것이다.[7] 예를 들어, 이항로는 리기理氣 관련 주자朱子의 여러 표현들 중에서도 "리理와 기氣는 결단코 두 가지의 다른 것이다"[8]라는 말을 "성현들이 서로 전해 온 확정된 명제"(『華西集』, 「雅言」)라 평가하며 리理와 기氣의 분리가능적 측면(不相雜)을 강조한다.

위정척사론자들은 리기 관계에 대한 이러한 이해를 통해 리와 기를

---

6) 李恒老, 『華西集』, 권12, 「雅言」.
7) 노사 기정진은 리 중심의 일원화의 구도 하에서 '氣自爾'로 표현되던 기의 자발적 운동을 부정하고 리의 주재성을 강조한다. 동정의 주체는 기이지만 그 동정은 소이연자인 리의 명령에 따른 것이므로 이 세계의 중심에는 궁극적 원인자로서 리가 존재한다는 것이다.
8) 『性理大全』, "理氣決是二物."

각기 형이상과 형이하, 지선지중至善至中과 편의과불급偏倚過不及, 주主와 종從, 상上과 하下의 가치 차별적 관계로 분속시킴으로써 사회적 질서로서의 상하의 구분이나 정통正統과 이단異端, 진리와 거짓을 엄격히 구분하는 존재론적 근거를 확보하게 된다. 그리고 그러한 존재론에 근거한 가치관이 당시의 국제 정세에 투영되면 피아彼我, 즉 이단인 양이洋夷와 정통인 조선(中華)의 대립적 이원 구도의 이해로 나타나게 된다. 한편 이들의 이러한 리理 중심의 존재론이 심성론에 적용되면 심주리心主理 혹은 심즉리心卽理 등의 논리에 의해 심心을 리理로 해석하는 일반적 경향으로 나타난다. 예를 들어 한주 이진상은 "심즉리心卽理 세 글자는 천성상전千聖相傳의 적결的訣이다"라고까지 단언한다. 이들이 이처럼 "마음은 리기理氣의 합쳐진 것이다"라거나 "마음은 기氣의 정상精爽이다"라는 식의 전통적인 기 중심의 이해에서 벗어나 심을 리로 파악하는 것은 도덕실천의 주체인 심心의 주재성과 능동성을 강조하기 위한 것으로서,9) 당시 무력과 과학기술의 압도적 우위인 서구에 의한 위협이라는 객관적 조건을

---

9) 유학 묵수파 내부에서 간재艮齋 전우田愚는 이론적 입장을 달리한다. 그는 리기理氣 관계 및 리理의 운동(작위) 여부와 관련 주자朱子의 사유를 충실히 따라, 당시 일반적이었던 리일원론의 관점은 물론 리의 능동성(작위성) 부여에 반대한다. 그가 보기에, 리에 운동성을 부여하는 것은 형이상자形而上者로서의 리의 절대성을 해치는 것이다. 즉, 리는 운동의 소이연이되 그 자체가 운동하는 것은 아니다. 이러한 관점에서 그는 리와 기를 분명하게 구분한다. 리는 무작위이고 유선무악의 절대선이며, 현실에 악이 있게 되는 것은 기로 인한 것이다. 만약 리가 운동성을 지닌다면 현실 세계는 선만이 존재해야 한다. 그러나 리는 운동성이 없으므로 스스로 자신을 실현하지 못하고 기를 통해서 자신을 실현해야 하고 여기서 기의 제한 작용이 있게 된다. 이러한 설명이 비록 리일원론 혹은 주리론과 비교할 때 이론적 설명 방식의 차이는 있지만, 리의 절대성 및 순선純善을 강조하고 현실의 악惡을 기氣로 인한 것으로 돌리려 한다는 점에서 의도는 동일하다.

극복하는 기제를 주체 내면의 주관적 능동성과 가치적 우월의식에서 찾고자 했던 위정척사파의 현실 대응과 밀접한 관련이 있다.

한편 위정척사파들은 그들 제자 대에 이르러 대부분 현실적 유용성이나 편리성으로 인해 용인되는 서기西器의 수용에 극력 반대하는데,[10] 여기에는 도덕적 원리(義)라는 정신적 가치와 이익(利)이라는 물질적 가치에 대한 유학 고유의 관점이 개재되어 있다. 흔히 '의리지변義利之辨'으로 불리는 이러한 입장은 맹자의 방문이 가져다 줄 이익에 대한 제나라 왕의 물음에 "하필이면 이익을 말합니까"(『孟子』, 「梁惠王」)라며 이익과 욕망의 부정적 경향성을 강조한 맹자 이래로 유학의 도덕실천에서 근본 전제로 다루어지게 된다. 뿐만 아니라 이러한 의리지변은 성리학에 이르면 금욕주의적 경향으로까지 진전된다. 즉, 내면적 덕성의 배양을 중시하는 성리학에서는 욕망 추구의 대상이 되는 외물外物을 도덕 수양의 주체인 인간에게 도덕적 갈등 상황을 촉발하고 때로는 악에 이르게 하는 부정적인 것으로 간주한다.[11] 이러한 사유는 위정척사파들의 서기西器에 대한 태도에 결정적인 영향을 미치게 된다.

예를 들면, 이항로는 서기의 수용을 반대하면서 의義와 이利의 철저한 구분에 입각해 이利를 곧 인욕人欲으로 간주한 후 인욕 중에서도 가장 폐단이 심한 것이 사람이 금수나 이적에 빠져드는 화를 불러오는 서양

---

10) 위정척사론자들은 西器를 奇技淫巧로 규정하고 그것이 초래할 폐해를 들어 西器 수용 주장을 비판한다.
11) 성리학은 理氣論的 사유에 의거해 道(혹은 理)와 구체적 사물(器)에 대해 차별적인 가치를 부여한다. 道心과 人心, 天理와 人欲, 道와 物, 理와 氣, 道와 器 등의 구분이 그것이다.

사람들이 추구하는 통화通貨와 통색通色이라고 비판한다. 통상을 통한 이익의 추구가 물질적 이익을 위해 도덕 원칙의 희생을 초래할 것이라는 의미이다. 이러한 관점에서 통상을 당연시하는 서양의 학문은 물론이고 서양의 물건(西器)을 배격하는 척사양이斥邪攘夷의 주장이 나오게 된다. 이와 관련하여 간재 전우 같은 이는 당시의 개화나 서구 문물 수용에 대해서 의리지변義利之辨의 관점에서 "오늘날 이익을 숭상하는 폐습을 고치지 않고 전대의 잘 다스려졌던 융성한 상태를 회복하려 하면 불가능하다"(『艮齋私稿』, 권33)라고 단언한다.

이러한 이유로 이들 위정척사론자들은 서구 문물과 학문을 도입해 자강을 도모해야 한다는 개화파의 주장에 반대한다. 그들이 보기에 진정한 자강의 길은 부정적 욕망을 촉발하는 물질적 이익의 추구가 아니라 유학적 가치를 높이고 그에 의거해 내면의 덕을 닦아 도덕적 역량을 최대화 하는 것이며, 그것을 위해 가장 중요한 것이 군주가 모범이 되어 도덕적 각성과 수양을 행하고 모든 백성이 마음을 하나로 묶어 내는 것(結人心)이다. 그것이 곧 기정진이 말하는 내부 단속을 통해 외부의 적을 물리치는(內修外攘) 방법이다.

이와 관련하여 이항로는 천하국가의 큰 근본은 군주의 마음에 달려 있으므로 군주의 마음이 바름을 얻으면 만사가 순탄하게 되고 바름을 잃을 때에는 만사가 어지럽게 된다며, 직면한 내외적 모순의 해결을 군주의 마음을 바르게 하는 것에서 찾고 있다.[12] 전우 역시 국가적 혼란의

---

12) 李恒老, 『華西集』, 권3, 「熙政堂奏箚」.

주된 원인이 유학적 가치의 쇠락에 있다고 보고 윤리강상의 정비와 민심의 정비를 군사력보다 더욱 중요한 요소로 제시하고, 제국주의의 침략을 막아 낸 외국의 사례를 들어 "군주와 인민이 죽을힘을 다해 지켜 마침내 무사하게 되었다. 싸움의 승패가 어찌 전적으로 힘의 강약에 달려 있겠는가?"라며 도덕적 각성과 정신적 역량의 중요성을 강조한다.

위정척사파의 이러한 대응책은 군주에서부터 서민에 이르기까지 한결같이 수신修身을 근본으로 삼고, 그것을 통해 집안과 나라가 바르게 다스려질 수 있다는 『대학』의 언명을 그대로 재현한 것이자, 내면적 덕성의 함양을 일체 문제 해결의 출발점으로 삼는 유학적 도덕중심주의의 전형적인 표현이다. 앞서 살펴본바, 위정척사론자들에게서 공통적으로 드러나는 사상적 요소들, 예를 들면 리기불상잡理氣不相雜의 논리를 통해 선과 악 사이에 뚜렷한 가치 차별을 확보하고 도덕적 실천의 주체인 심心의 역량을 강화하려는 측면들은 이러한 그들의 현실 대응책과 긴밀한 연관이 있다. 그리고 그들이 보기에 그러한 덕성의 함양을 위해서도 부정적인 욕망을 촉발시켜 마음을 흐리게 하는 '기기음교奇技淫巧한' 외물인 서기西器와 서학을 금하는 것은 필수적인 조치이다.13)

화서학파를 필두로 하는 위정척사의 성리학자들은 그들의 전통적 세계관인 성리학적 사유에 기초해 기존의 체제와 사회의 온존을 도모하려

---

13) 위정척사파의 이러한 인식은 중국의 완고파의 道器에 대한 인식 및 방책의 제시와 일치한다. 예를 들어 보수 완고파의 일원인 倭仁은 "나라를 잘 다스리는 道는 禮義를 숭상하는 데 있지 권모를 숭상하는 데 있지 않다. 근본적인 것을 도모하는 것은 사람의 마음에 달려 있지 기술에 달려 있지 않다"며 西器의 수용에 반대한다.(倭仁, 「大學士倭仁折」)

했다는 점에서 이미 급변하던 국제 정세에 어두웠다고 할 수 있다. 그럼
에도 그들은 단순히 스러져 가는 낡은 옛것에 매인 것이 아니라 성리학
적 가치에 의거해 "옛것을 바꾸어 새롭게 하고, 난세를 옮겨 치세를 만
들"고자 했다는 점에서 맹목적 수구는 아니었다.

3. 동도서기적 도덕중심주의, 유학혁신론

개화와 척사의 갈등 속에서 위정척사파와 더불어 유학적 가치에 대
한 신념은 공유하면서도 과학기술로 대표되는 서양의 물질문명을 받아
들이려는 절충적 시도가 있었는데, 이를 우리는 동도서기론적 절충이라
는 이름으로 부를 수 있다. 유학의 가치를 지키면서도 변화하는 현실을
수용하려 한 이러한 사상적 모색은 이미 18세기에 서양의 과학기술을
적극 수용하려고 했던 실학파에서 원류를 찾을 수 있다. 그러나 개항 이
후 서구로부터의 직접적 충격에 직면해 부국강병과 유학적 가치의 수호
및 존속의 한 방법으로서 서구 문물 수용의 문제에 접근하게 한 동도서
기론적 절충론자로 중앙 관료에 신기선申箕善, 김윤식金允植 등이 있었고,
이후 재야 유림의 대표적 인물로는 영남지역 위정척사파의 문인들인 이
상룡, 송기식, 류인식, 이병헌 등이 있다.

이들 영남유학에서 두드러지는 유학혁신 논의는 동도서기東道西器적
방법을 통한 유학의 현실적 절충을 주장한다. 따라서 이들은 유학의 핵
심적 가치가 윤리도덕에 있고 그것은 언제 어디서나 통용되며 불변이라

는 보편성과 절대성에 대해서는 그들의 스승이자 주자학 묵수의 주체였던 위정척사파와 인식을 같이한다. 다만 그들은 당시의 유학이 이용후생의 실용적(器) 측면에서 일정한 한계를 드러냄을 인정하면서 유학적 이념에 기초한 제도의 개혁과 서구 문물의 도입 등을 통해 이를 보완해야 한다는 주장이다. 그러면 이들이 유학의 둥지를 벗어나지 않으면서도, 그들의 스승인 위정척사파와 달리 서기西器의 수용으로 전환하게 하는 내재적 요소들은 무엇이었는지를 살펴보자.

우선 이들은 그들의 스승과 달리 주자朱子를 넘어서 공자의 본원유학으로 소급해서 그 속에 담긴 실용중시의 경세사상에 주목한다. 내성內省 위주의 존덕성尊德性 중시에서 기인한 주자학적朱子學的 의리지변義利之辨 및 욕망관의 협애성에서 벗어나 외물이 쓰임을 다함으로써 개체 생명의 존속에 기여하고 나아가 내면의 덕성 실현의 현실적 토대가 됨을 주목할 때 외물을 덕성함양과 대립적 관계로 이해하는 외물에 대한 도덕중심주의적 혐의에서 벗어나게 되고 그것에 대한 적극적 이용이 정당화된다. 이처럼 일단 외물이 우리의 삶을 이롭게 하고 궁극적으로 덕성의 함양에 기여하는 것이라는 긍정적인 의의를 부여받게 되면, 서기西器라 하더라도 현실적 효용성을 지니고 이로움을 주는 한 적극적으로 긍정되게 된다. 이들은 그러한 실용적 관점에서의 서기西器를 포함하는 외물에 대한 긍정적 의미 부여의 가능성을 공자에게서 찾는다. 즉, 그들은 공자로 소급해 유학의 수기修己와 경세經世를 겸전兼全하던 유학 본래의 전통을 회복하자는 것이다.

그들에게는 중국 송대 이래 성리학이 내성적 차원의 수기修己에 치중

함으로써 상대적으로 경세經世의 실질적 측면을 소홀히 한 결과 유학을
협애화시켰다는 인식이 전제되어 있다. 성리학의 지나친 도덕중심주의
편향성에 대한 비판적 인식이다. 예를 들어 유교개혁운동의 차원에서 유
교의 종교화를 주장한 이병헌은 『유교복원론儒教復原論』에서 유교는 곧
공자의 교教임을 강조하면서 역사상 공자의 유학만이 위대하면서도 완
비된 것이었고, 그러한 공자의 유학이 후대로 내려오면서 점차 협애화되
었고 "정자程子·주자朱子·퇴계退溪·율곡栗谷은 더욱 그 규모가 작아져"
대도大道가 점차 미약하게 되었다고 보고, 본래의 유학을 '복원'할 것을
주장한다.[14] 여기서 이병헌이 복원하려는 유학의 주된 면모는 실용적 경
세의 측면과 더불어 종교적 신비요소로서, 이는 내성일변도의 협애한 학
문으로 빠져들고 교조화와 형해화의 길을 걷던 당시의 유학에 대한 일대
재정비를 주장한 것이다.[15]

　비록 두드러지는 것은 아니라 해도 위정척사론자의 이러한 주자일존
적 입장과 달리 동도서기론적 절충의 관점을 지녔던 이들에게서 '복원復
原'이라는 공자에의 회복 혹은 공자사상의 강조가 상대적으로 두드러지
는 것은 주목할 만하다.[16] 그것은 내성적 수기편향적 주자학의 한계에

---

14) 海窓 宋基植 역시 『儒教維新論』「緒言」에서 당시의 유학에 대해 넓게 포괄하는 사상
　　(儒教包圍主義)에서 협애한 사상(近古狹隘主義)으로 빠졌다고 비판한다.
15) 정주학에 대한 이러한 평가는 이들의 유교혁신운동에 큰 영향을 주었으며 孔教운
　　동의 원조 격인 康有爲에게서도 동일하게 보인다. 강유위는 공교 복원의 전제로
　　공자 이래 축소 왜곡된 여러 유학 사조들을 비판하는 가운데 송대 성리학에 대해
　　공자의 전체 사상 중에서 修己의 학문만을 말하고 공자의 救世의 학문을 밝히지
　　않았다고 비판하고 있다.(梁啓超, 『飮氷室文集』, 6장 「宗教家之康南海」)
16) 결국 그들은 모순적인 현실과 그에 대한 대응에서 무력한 당대의 유학을 넘어서는
　　길을 객관적 조건의 열세를 극복할 주체의 정신적 역량 혹은 주관적 능동성에 대한

대한 인식과 더불어 공자로 대표되는 본원유학에서 수기와 나란히 중시
되었던 경세經世의 의의를 다시 인식했음을 의미하는데, 이는 위정척사
파의 주자 존숭의 태도와 대비된다. 예를 들면 이병헌은 "공자의 도는
높고도 완전하므로, 육합六合에 가득하여 없는 곳이 없고 만년을 살펴도
항상 새롭다.…… 구구한 의도인즉 실은 공자의 원래 모습(原狀)을 회복하
려는 것이다"17)라고 했고, 류인식은 "공자의 도道가 뭇 왕들에 영향을
미쳐 만세의 태평을 여니 천하가 모두 그것을 으뜸으로 삼는다"고 평가
한다.18)

공자로 돌아갈 것을 주장하는 이러한 동도서기론적 입장은 유학적
진리의 보편성과 절대성을 긍정한다는 점에서는 위정척사 진영의 유학
이해와 입장을 같이한다. 그런데 그들은 유학 자체는 긍정하되 당시 유
학의 한계를 비판한다. 그리고 그러한 유학의 한계는 본원유학 자체에서
기인한 것이 아니라 그것을 제대로 계승하고 실천하지 못하는 당대 유학
과 유학자들의 한계에서 기인한 것임을 분명히 한다. 그럼으로써 그들은
유학 자체에 대한 긍정과 한계를 지닌 현실의 유학에 대한 개신의 주장
을 양립시킬 수 있게 되는 것이다.

이처럼 내성 중시의 금욕주의적 주자학에서 공자로 되돌아가 실용

강조와 더불어 이미 실학이 시도한 바 있는 유학의 경제적 측면의 부활, 유학적
규범에 대한 시의적절한 재해석 등에서 찾았는데, 뒤의 두 모색을 공자로의 복귀에
서 찾았다. 중국의 경우 담사동이 '復原'의 주장을 제기했고, 조선에서는 이를 이어
이병헌이 유교의 '復原'을 주장했다.
17) 李炳憲, 『儒敎復原論』, 「敍言」.
18) 柳寅植, 『東山文稿』, 권2, 「學範」.

중시의 경세에 주목할 때 이익과 욕망 혹은 그것의 추구 대상으로서의 외물에 대한 평가도 달라질 수밖에 없다. 외부의 사물은 도를 간직하고 있고 인간의 현실적 삶에 기여하는 효용(利)을 가져다주는 대상이라는 점에서 긍정적으로 평가될 수 있다. 즉, 내성일변도에서 벗어날 때 외물을 향한 관심은 더 이상 '밖으로 치달아' 도덕 실천에 장애가 되는 것으로 보지 않는다. 오히려 의리를 이해하거나 덕성을 기르는 것조차도 오로지 심성으로만 파고드는 내성화의 길을 통해서는 불가능하고, 외물에 대한 이해의 길을 통할 때만이 가능하다는 것이 그들의 입장이다. 또한 외부 사물이 인간의 현실적 삶에 있어서 뿐만 아니라 덕성의 배양에 있어서 필수적인 요소로 긍정될 때 그것을 대상으로 한 욕망 작용과 이익 추구 역시 긍정된다. 이것은 도학이 외물이 지닌 욕망 촉발의 측면에 대해 부정적으로 이해함으로써 그것을 대상으로 하는 이익 추구를 덕성의 배양을 위한 의리의 추구와 대립적 관계로 설정하는 것과 다르다. 물론 주자학에서는 인간의 기본적인 욕망 자체를 부정하는 것이 아니라 어디까지나 절제를 말한다. 그럼에도 주자학적 도학은 일찍이 맹자에게서 그 단서가 보이는 바와 같이 욕망에 대해 인욕人欲으로 떨어져 덕성의 배양을 위한 의리의 추구에 장애가 될 수 있다는 혐의를 버리지 않으며 그로 인해 금욕주의적 경향을 농후하게 지니게 된다.[19]

다음으로 동도東道에 입각한 서기西器 수용론은 성리학 이론적 전제들

---

19) 따라서 위정척사파에게서 우리는 "마땅함을 추구하되 이익을 도모하지 말고, 도를 밝히되 공적을 따지지 말라"(正其誼而不謀其利, 明其道而不計其功)는 명제로 대표되는 의리와 이익의 엄격한 구분과 도덕 실천에 있어서 이익에 대한 기대나 고려를 인욕의 발로와 동일시하는 태도를 볼 수 있다.

과도 모순 없이 성립 가능하다. 즉, 성리학의 존재론에서 말하는 리理 혹은 도道의 보편적 편재의 관점을 적극 적용할 때 서기西器의 존재는 배척의 대상이 아니라 포용의 대상이 될 수 있기 때문이다. 세상에 존재하는 어떠한 사물에도 도道가 관철되어 있지 않음이 없다는 성리학의 진리는 동서東西의 경계에 구애되지 않는다. 세상의 어떤 사물(器)이든 리理와 기氣의 결합의 소산이며, 이는 서기西器 역시 예외일 수 없다. 결국 서기西器에도 우주의 보편적 이치인 리理가 편재되어 있다. 더구나 그것이 이용후생에 기여하고 궁극적으로는 덕성의 실현(正德)에 기여할 수 있다면 금지하거나 배척해야 할 이유가 없는 것이다.

도기론道器論이든 체용론體用論이든 그 공통적인 전제는 도와 기 또는 체와 용이 분리될 수 없으며, 도 혹은 체가 근본적이고 기 혹은 용이 말단적이라는 관점이다. 동도서기론東道西器論과 중체서용론中體西用論은 비록 상이한 역사적 조건으로 인해 그 성격에 다소 차이가 있지만 도기道器와 체용體用에 대한 이러한 관점을 바탕으로 유교적 가치 및 그에 기초한 사회질서를 고수하면서도 서양의 과학기술을 받아들여 자강을 도모할 것을 말한다. 예를 들어 당시 중국 중체서용론의 대표자 격이었던 장지동은 중학中學(舊學)과 서학西學(新學)을 각기 체體와 용用, 즉 내면적 공부와 외면적 공부, 신심身心의 수양과 세사世事에의 대처로 분속시키고 양자 모두의 필요성을 긍정하되 우선순위에 있어서 체體의 공부가 우선적이고 근본적임을 강조한다. 즉, 반드시 먼저 경전에 통달해 중국의 앞선 성인과 스승이 세운 가르침을 밝힌 뒤에 서학을 선택해야 한다는 것이다.[20]

그런데 원래 체體와 용用 범주는 동일한 하나의 단위에서의 본체와 그것의 작용, 혹은 본질과 그것이 드러난 현상을 의미한다. 따라서 중국식 중체서용론의 경우 서로 상이한 대상인 중학中學과 서학西學을 각기 체體와 용用으로 삼아서 하나의 단위로 결합시킨다는 것은 논리적으로 성립되지 않는다.[21] 그러나 도기론道器論적 사유에서는 이러한 문제가 발생하지 않는다. 동도서기東道西器에서 말하는 도道와 기器는 단일한 하나의 단위 차원에서만 적용되어야 하는 것은 아니기 때문이다. 도道의 편재성遍在性에 따른다면 어디에도 있지 않은 것이 도道인 이상 하나의 도道가 현상의 다양한 개별적 사물들과 사태들(器)에 관철되어 있는 것이다. 따라서 동도서기론東道西器論에 따르면 동서東西를 넘어서는 동도東道의 보편성을 전제로 서기西器 역시 그 동도東道의 지배 아래 들어와 있다고 보는 것이다. 말하자면 동도東道의 지배 범위 속에 동기東器도 있고 서기西器도 있는 것이고, 이럴 경우 기器는 그것이 동東의 것이든 서西의 것이든 현실적 필요성이나 효용성을 기준으로 취사선택할 수 있다는 것이다. 따라서 전통적 도기론道器論의 논리에 따른다면 유학의 도덕가치를 보편성을 지닌 도道로 삼아 덕德을 향상시키고 서구의 효용성이 뛰어난 사물을 기器로 삼아 후생厚生을 도모하는 것이 모순 없이 성립 가능하게 된다.

---

20) 張之洞, 『勸學篇』, 「會通」; 같은 책, 「循序」.

21) 嚴復은 이것에 대해 "體用이라는 것은 하나의 사물을 대상으로 해 말하는 것이다. 소의 體가 있으면 무거운 것을 지는 用이 있고, 말의 體가 있으면 멀리까지 가는 用이 있는데, 소를 體로 삼고 말을 用으로 삼는다는 이야기를 들어 본 적이 없다.…… 中學에는 中學 나름의 體用이 있고, 西學에는 西學 나름의 체용이 있으므로, 양자를 구별해서 봐야 둘 다 설 수 있지 양자를 합쳐 버리게 되면 둘 다 부정된다"라며 논리적 맹점을 비판했다.(「與外交報主人論教育書」)

이상에서 확인한 바에 따르면, 동도서기론적 유학혁신의 입장에 선 이들은 그들의 선배들인 위정척사파들에서와 같은 이론적 차원의 천착에서 벗어나 실천적이고 현실적인 차원에서 구체적 개혁안을 찾았다. 그리고 그들은 그러한 자신들의 실천적 요구를 충족해 주는 내재적 근거를 유학 내부에서 찾았다.

이들과 같이 당초 동도서기론적 입장에서 출발했지만 마침내는 동도東道와의 결별의 길을 걸어간 이들이 있었는데, 김옥균, 홍영식 등의 변법개화파가 바로 그들이다. 이들은 전통적 가치인 유교에 대한 접근에 있어서 도道와 기器의 문제보다는 허虛와 실實의 문제를 중심으로 접근한다. 이는 전통적 가치 즉 유학적 도道의 절대성에 대한 신념 아래 실용을 추구한 개량적 개화파를 포함하는 동도서기론적 입장과 달리 철저히 실용성과 공리성功利性이라는 잣대로써 당시 현실 속에서의 유학의 효용성을 평가함으로써 결국 유학에 대한 내재적 부정의 길로 나아가게 된다. 비록 주관적 견해가 개재되어 있는 언급임을 감안하더라도, 갑신정변 직후 김옥균 등 개화사상가에 대한 김윤식의 다음과 같은 평가에서 이들이 갈라 서 있는 경계의 소재가 단적으로 드러난다.

개화파들은 유럽을 매우 높이는 반면 요순堯舜과 공맹孔孟을 홀대하고 깎아내려 인륜人倫의 도道를 야만이라 하고 서양의 도道로써 우리의 도道를 바꾸는 것을 개화라고 한다.22)

---

22) 金允植, 『雲養集』, 권5, 「沔陽行遺日記」.

유학의 내재적 부정의 길을 따라간 김옥균 등의 변법개화파는 유학적 가치에 대한 태도나 제도개혁의 심도에 있어서 중국의 변법파와 유사하다. 이들이 유학부정의 길로 나아가게 된다는 것은 곧 유학적 가치의 보편성과 절대성에 대한 부정으로 나아갔다는 것을 의미하는데, 이를 서기西器의 수용에는 개방적인 태도를 지니되 가치문제에 있어서는 위정척사의 강고한 입장과 같이했던 동도서기론적 입장과 대비해서 살펴보자.

도기론道器論은 『주역周易』에서 기인해서 성리학에 와서 철학적인 범주로 체계화되는데, 전통적으로 도道와 기器는 형이상形而上/형이하形而下, 태극太極/음양陰陽, 체體/용用, 본本/말末로 이해되며 따라서 현상 속에서의 양자 간의 통일성이 강조된다. 즉 도道는 사물에 깃들어 있으므로 도道가 있으면 반드시 사물이 있고 사물이 있으면 반드시 거기에는 도道가 있다. 그러나 형이상과 체體를 형이하와 용用보다 중시하는 입장에서 볼 때 도는 기의 존재 근거가 된다는 점에서 기가 있기 이전에도 존재하는 것이다. 이러한 입장에서는 도道가 없으면 기器가 없지만 기器가 없어도(혹은 기가 있기 전에) 도道는 존재한다고 본다.

그런데 기론적 사유가 정점에 이르는 왕부지王夫之에 오게 되면 이러한 형이상적(본체론적) 도道 위주의 도기론道器論은 형이하적(현상론적) 기器 위주의 도기론道器論으로 변함으로써 도기道器 관계의 전도가 일어난다. 기론자 왕부지에 따르면 세상에는 오직 기器만이 있고 도道란 그 기器의 도일 뿐이므로 기器를 도道의 기器라고 할 수 없다고 한다. 즉, 기器가 있어야 그 기器의 도道가 있게 되므로 기器를 떠나서 도道란 없다는 것이다.[23] 참고로 중국의 변법파인 담사동의 도기론은 왕부지의 그러한 기

중심의 도기론을 계승해서 현상세계에 다양한 기器가 존재하고 그에 따라 다양한 도道가 있게 된다고 한다. 따라서 도道란 기器를 떠난 것이 아니라 특정한 기器의 도道일 뿐이다. 이러한 도기체용道體器用의 관점에 따르면 도道란 불변적인 것이 아니라 현상의 기器의 변화에 따라 변화하는 도道일 뿐이다. 서학西學의 전면적인 수용과 정치제도상의 변법變法, 그리고 전통적 가치의 수정 혹은 청산은 이러한 변도變道에 따른 자연스럽고도 필연적인 조치이다. 따라서 변법개화파의 기본적인 입장은 "기器가 변했는데 어떻게 도道가 변하지 않을 수 있겠는가?" 하는 것이다. 앞서 언급한 김옥균에 대한 김윤식의 비판은 이러한 인식을 토대로 유학의 둥지를 떠나려 했던 변법개화파의 태도를 유학적 가치를 고수하려는 입장에서 비판한 것으로 볼 수 있다. 도기론적 논리에서 살펴볼 때 변법개화의 유학이라는 전통의 둥지와의 결별은 이렇게 준비되었던 것이다.

4. 도덕중심주의의 종교화, 공자교운동

개항 당시의 유학계를 풍미하고 있던 위정척사론은 전통 도학의 보수 내지는 근대 이념에 대한 부정이라는 측면과 함께 제국주의 침략에 대한 저항의 성격을 동시에 가지고 있었다. 그러나 1910년대 말에 이르러서 개항 내지 근대화는 이미 필연의 방향으로 확정되어 갔고, 의병운

---

23) 王夫之, 『周易外傳』, 권5, "天下惟器而已矣. 道者氣之道, 器者不可謂之器之道."; 같은 책, 권2, "据器而道存, 離器而道毁."

동도 한계에 봉착하고 있었다. 이러한 상황에서 일부 유학적 지식인들은 유학계 자체의 변화와 개혁을 통해 근대사회에 적응하고자 시도하고 있었다. 그리하여 그들은 유학의 종교화를 시도했다.

이러한 유학의 종교화에는 몇 가지 필연적 배경이 있었다. 첫째, 약육강식의 국제질서 속에서 서구의 외세에 뒤진 과학기술과 물질적 조건의 열세와 제도적 개혁의 한계를 정신적 요소를 통해 극복하기 위한 것이었다. 즉, 유학이 지향하는 개인적 수양인 수신과 치국평천하라는 이상적 사회의 구현을 유학적 수양론과 사회철학을 종교신앙화함으로써 그 실효성과 실천력을 담보하려는 것이다. 둘째, 유교 내부 보수적 유학자에 의해 전개된 위정척사운동 및 그 실천적 대응으로서의 항일의병투쟁의 한계에 대응한 유학 내부의 방향 전환이다.[24] 셋째, 천주교를 비롯한 서구의 기독교의 신앙적 실천력이 조선에 파급됨에 따른 위기의식에 대응하는 방안으로서의 전통 유교의 종교신앙화이다.[25] 이와 관련해, 당시 지식인들이 느꼈던 외세의 위협의 중심에는 그들의 신앙인 기독교가 있었고 이들 종교는 조상 제사의 거부 등 유학적 전통 가치와 심각한

---

24) 특히 유학자들에 의해 주도된 의병투쟁은 1908년에 정점에 이르렀다. 1909년부터 일제의 탄압으로 급속히 약화되어 갔고, 1910년 합일합방으로 국내 의병은 사실상 명맥이 끊어져 가고 있었다. 유학계에서는 목숨을 담보로 하는 극단적 무력저항에 한계를 느끼고, 온건한 방법에 의해 유학의 정신을 널리 알리고 사회개혁을 추진하기 위해 유교의 종교화를 통한 사회개혁 추진의 정신적 토대를 확보하고자 했다.

25) 서구의 종교인 천주교는 1784년 이후 조선에 전파되어 1895년 고종에 의해 그 존재를 인정받고 이를 통해 신앙의 자유를 확보해 갔으며, 개신교는 1884년 선교사가 조선에 입국해 선교를 시도하다 1895년 이후 본격적 선교에 착수했다. 그 결과 1907년에 이르면 개신교와 천주교의 신도수가 13만 6천 명을 넘어서는 폭발적 증가세를 보이게 된다.

충돌의 상태에 있었으므로, 유학계에서는 전통적 가치와 의례를 본질로 하면서 서구의 기독교에 대응할 수 있는 유학의 종교화 길을 모색하게 된 것이다. 이러한 배경에서 초기 이승희와 이병헌 등에 의해 시도된 공자교운동을 시작으로 개항기 이후 대동교大同敎, 태극교太極敎, 공자교회孔子敎會, 대성교大聖敎 등으로 다양한 유교의 종교화가 대두된 것이다.

조선유학에서의 공자교운동의 가장 대표적인 인물은 이병헌(1870~1940)이다. 그는 유학적 가풍에서 태어나고 자랐으며 면우 곽종석 등 영남과 기호의 이름난 도학자들과 교유하고 배운 전형적인 도학자였지만, 주자학 중심의 성리학적 가치의 고수에서 벗어나 종교화를 통한 유교개혁을 통해 시대변화에 대응하고자 했다. 그 계기는 이병헌이 34세 되던 해에 찾아왔다. 34세이던 1903년 그는 집안의 소송 관련한 서울행에서 철도와 전철 등 근대 개화문물을 목격하고서 변화된 시대의 모습을 확인하고, 급변하는 시국에서의 유학의 방향에 대한 고민을 하게 된다. 특히 서울 시내의 서점에서 『청국무술변법기淸國戊戌變法記』라는 책을 구해 읽고서 1898년 중국의 강유위가 주도했던 무술변법에 관한 청일전쟁 이후 전개된 동아시아의 변화된 정치적 상황과 유학자이면서 당대의 시무에 통달한 강유위의 인물됨에 대해 알게 된다. 이에 그는 '옛것을 지키고 새로운 것을 배척할 것'(守舊排新)을 주장하는 위정척사론은 나라의 위기를 구할 계책이 아님을 절감하고, 『태서신사泰西新史』를 비롯한 서양에 관한 서적을 구입해 고향으로 돌아와 읽게 된다.26)

---

26) 이때 그는 『泰西新史』 외에도 『萬國公報』, 『西洋上古哲學史』, 『萬國宗敎志』, 『哲學要領』 등 서양의 정세와 역사·종교·철학 등에 관한 도서를 구입해 읽음으로써, 서

이후 러일전쟁이 끝나고 일본의 조선 침략과 국권늑탈의 족쇄가 죄어오다 을사조약의 체결로 나라가 존망의 위기에 직면하게 되고 각지에서 일본의 국권침탈에 항거한 의병이 일어나고 그 와중에 스승인 최익현이 의병기의로 일제에 체포되어 대마도로 끌려가 죽게 되자 위정척사에서 벗어나 개화사상으로 전환하게 된다. 이후 고향에서 학교를 설립해 교육에 진력하는 등의 계몽운동에 종사하다 1911년 42세 때에 박은식과 손병희 등을 만나 시국에 관한 고민을 나누기도 했다.

이병헌의 사상과 활동에서 가장 중요한 시기는 유교개혁사상을 형성하고 그것을 공교운동으로 구체화시킨 1914년부터 1925년까지이다.[27] 이 시기 그는 5차례에 걸쳐 중국으로 들어가 강유위의 지도를 받으며 공교사상을 정립하고 이를 국내에서 구현하려 노력했다. 1914년에는 서울에서 단군교檀君敎를 창건한 오혁吳赫과 대종교 2대 교주인 김교헌金敎獻 등 대종교 계열 인물들과, 손병희와 함께 천도교를 결성해 활동하던 양한묵梁漢黙 등 종교운동가와 황성신문 2대 사장인 류근, 광문회光文會를 창설한 최남선 등 애국계몽운동가들을 만났는데, 이러한 만남은 그가 유교적 가치를 그대로 품으면서 새로운 시대의 변화에 대응한 유학의 방향을 고민

<hr>

양의 실정에 대한 이해를 지니게 된다.

27) 그가 중국행을 통해 강유위의 가르침을 받기 직전, 중국에서는 1911년 신해혁명(1차 혁명)으로 손문이 남경에서 임시대총통으로 추대되면서 중화민국이 성립되었고, 1912년에는 宣統帝가 물러나면서 청나라가 막을 내리고 원세개가 북경에서 중화민국의 초대 대총통으로 취임하게 된다. 원세개는 대총통이 된 이후 帝制의 야심을 가지고 혁명파를 탄압하는 등 독재정치를 시작하였고, 1913년 7월 국민당에서 '원세개 타도' 운동을 벌이며 혁명을 호소, 봉기를 일으켰지만(2차 혁명) 원세개는 군대를 동원해 이를 진압해 버렸다.

하고 모색하는 중요한 계기가 되었다.

그해 2월 그는 중국으로 건너가 강유위와 함께 공교회운동을 전개하던 진환장津煥章(18811~1931)과의 면담을 통해 유교의 종교화에 대한 의견을 나누고, 1908년 중국에 망명해 1913년 설립된 공교회운동에 참여해 북경 공교회와 연계해 동북삼성의 한인 공교회 설립을 준비하고 있던 이승희李承熙(1847~1916)를 만나 북경 공교회에 관한 자세한 정황을 들었다. 또한 북경 체류 중에 「종교철학합일론宗敎哲學合一論」이라는 글을 집필하면서 서양의 종교는 종교와 철학이 분리되어 있으며 종교가 미신과 결합되어 있는 것과 달리, 공교는 종교와 철학이 결합되어 있고 미신과 분리되어 있다는 견해를 피력함으로써 유학의 종교적 성격을 강조했다. 이어 3월에 북경을 떠나 곡부에 이르러 공자묘에 알묘하고 공교회 총리인 공상림을 만나 자신의 「종교철학합일론」에 관한 의견을 교환한 후 4월 홍콩에서 거기 머물던 박은식을 만나고 이어서 강유위를 접견하게 된다. 강유위와의 이 첫 번째 만남은 그의 유교개혁사상가로서의 일생에 가장 중요한 계기가 되었다. 그는 집지의 예물을 올려 제자의 예를 갖추고 강유위의 가르침을 받았는데, 그 주된 배움의 주제는 유교의 개혁과 종교의 문제에 관한 것이었다. 국권을 상실하고 식민지배에 놓인 조선의 진로에 대한 그의 물음에 대해 강유위는 다음과 같이 대답한다.

국가의 명맥은 민족의 정신에 있는데, 민족을 단결시키고 정신을 유지하는 방법은 하나뿐으로 종교에 있다. 중국과 조선 두 나라의 종교는 유교이므로 유교를 자기 나라의 생명으로 여기고 유교를 구출하는 것을 나라

를 구출하는 전제로 삼으면 이미 멸망한 나라도 희망이 있을 것이다.[28]

강유위는 영국의 식민지배를 받는 인도와 나라를 상실한 유대의 경우를 예로 들어 설명하면서, 민족정신을 고취하는 방법으로서의 종교의 중요성을 역설하면서 유교를 민족정신의 생명력을 이루는 종교로서 각성할 것을 강조했다. 즉, 유학을 구원하는 것을 나라를 구원하는 방법으로 제시함으로써 유교를 재건함으로써 국권의 회복을 도모하도록 한 것이다. 근대전환기 현실의 문제를 타개할 동력을 유교의 종교화를 통한 실천력의 확보에서 찾은 조선유학자들이 선택한 유학혁신의 한 방안은 이처럼 스스로의 자각과 아울러 중국유학자들의 선구적 모색에 영향받은 바 크다.

---

28) 『李炳憲文集』 下, 「眞菴略歷」, 599쪽.

제3장
유학의 계승과 극복, 동학사상

1. 유학이 노정한 한계

　조선을 포함한 동아시아 제국은 19세기 후반에 봉건시대에서 근대로의 전이를 경험한다. 그런데 그것은 준비된 과정이 아니라 서구 혹은 서구를 한발 앞서 배운 이웃에 의한 제국주의적 침탈로 인해 강요된 것이었던 만큼, 그 전이 양상도 급박하고 다양할 수밖에 없었다. 사상사에서 근대로의 전이는 곧 지배적 가치관과 세계관이었던 유학의 지위 변화를 의미한다. 그리고 그것은 유학적 가치의 강고화, 전면적 부정, 부분적 변용 등의 여러 모습으로 나타난다.

　유학의 사상적 독점이 붕괴되면서 조형된 이 시기의 사상 지형을 구체적으로 들여다보면, 정통론에 입각해 유학(주자학)의 사상적 순결성을 고수하고 명분론적 실천을 강화하려던 위정척사衛正斥邪운동의 대두와 유학의 틀을 벗어나 서구 종교에서 새로운 대안을 찾았던 서학 수용을 양극으로 하고, 시무時務에의 실용성을 내세워 유학이념의 현실적 변용과 서구의 물질적 진보, 나아가 사조까지도 동시에 수용하려 했던 개화사상이 그 어간에 자리하고 있다. 비록 직면한 당대의 현실 모순을 타개하는 과정에서 과거(傳統)에 대한 인식과 외부 세계(西洋)에 대한 대응의 태도에 차이가 있기는 하지만, 이들 사상적 모색은 한결같이 지배계층의 유학적 지식인들에 의해 주도되었다는 공통점을 지닌다.

한편 이와 달리 기층민중의 편에 선 지식인들에 의한 모색도 있었으니, 신흥 종교사상의 대두가 그것이다. 이들 종교사상은 가장 고통받던 대다수 민중의 염원을 반영함으로써 어느 사상적 모색보다 강렬한 현실 극복과 초월의 의지를 담고 있으며 혁신적이다. 이들은 새로운 시대의 도래(開闢)에 대한 열망과 그것을 가져다줄 자신들 신앙의 절대적(無極) 진리성에 대한 확신 속에서 현실을 넘어서는 방안을 종교적 실천에서 찾았다. 이들 신흥 종교사상 중 가장 대표적인 것이 동학이다.

지금까지 동학과 유학사상의 관계에 대한 접근에서는 흔히 유학에 대한 동학의 극복과 부정이란 측면이 강조되어 왔다. 그러나 하늘 아래 새로운 것이란 없다. 동학의 탄생 역시 하루아침에 평지돌출된 것이 아니다. 가계를 더듬어 올라 선조를 회상하며 자신의 신세를 한탄하는 데서 그 일단을 엿볼 수 있듯이, 수운 역시 전통의 흐름 안에서 살았으며 유학적 사유에 깊이 훈습되어 있었다. 그런 만큼 동학 창도에서도 사유의 형식과 내용 모두에서 일정 부분 유학에 의지할 수밖에 없었던 것은 당연한 일이었다고 할 수 있을 것이다.

이러한 사실을 감안하고 사상사의 연속성에 유의해서 들여다보면, 동학은 유학과 대척점에 서 있지 않다. 동학은 현실의 모순을 넘어서 새로운 세상을 여는 길을 기존 사상인 유학에 대한 초월이나 부정이 아니라 포섭과 활용에서 찾았기 때문이다. 이는 비단 유학사상뿐 아니라 도교와 불교와의 관계에서도 마찬가지이다. 초기 동학교도들이 밝히고 있듯이, 동학은 유불선儒佛仙 삼교에 대해 각각의 장점은 취하고 단점을 버리는 방식으로 아우른 것이기 때문이다.[1] 따라서 동학에는 당시 유학이 빠진 주자학 말류의 폐단은 물론이고 지배이념으로서 기성 질서와 가치를 유지하는 역할을 하는 과정에서 띨 수밖에 없었던 한계를 수정하고 유학 본연의 완선한 이론적 지향을 반영하고 있었던 것이다. 그런 점에서 동학은 당시의 제사상, 특히 주자학적 사유를 받아들이되 그것이 지닌 한계를 수정하고 변용한(更正) 결과라고 할 수 있다. 이제, 동학과 유학이 '크게 보아서는 같지만 작은 차이가 있다'(大同小異)[2]는 수운 최제우의 언급을 단서로 해서 양자의 사상적 유사성과 차별성을 검토해 봄으로써 동학에 반영된 유학사상의 영향을 살펴보자.

2. 동학의 유학 이해

본론에 들어가기 전 우선 유학과 동학의 상호 인식, 특히 동학의 유학과 관련된 자기 정립의 내용을 검토해 보기로 하자. 동학 창도 당시의 상황을 보면 지배이념이었던 유학에 있어서 동학은 말할 것도 없이 '이

---

1) 『東學文書』, 「各道東學儒生議送單子」, 62쪽, "盖吾東學之道, 卽儒佛仙三敎也.……合三爲一者, 取其所長, 棄其所弊."
2) 『東經大全』, 「修德文」.

단異端의 사설邪說'이었다. 유학의 정사正邪의 기준에 따른 정통과 이단의 구분은 유래가 오래되었다. 일찍이 선진시기에 맹자는 양주와 묵적 사상의 유행에 따른 유학의 위기에 맞서 위도를 자임하면서 이단의 이름으로 상대 유파를 내치는 전략을 구사한 적이 있다. 그리고 이것은 그대로 북송 성리학의 등장과 함께 불교를 상대로 한 이단배척으로 이어졌으며, 이 과정에서 유학의 정통 계보가 정리되어 도통론道統論이 확정되게 된다. 조선 초기 이 땅에서 행해진 배불排佛에서도 주된 이론적 무기가 이단의 낙인이었으며, 동학과 같은 시기의 위정척사衛正斥邪운동 역시 유학적 정통론에 입각해 서양의 학문과 문물을 이단異端과 '사邪'로 규정한 현실 대응이었다.

그런데 유학의 정통과 이단 구분의 논리는 당시 관변문서의 "정학正學이 아니면 곧 이단異端이며, 양주가 아니고 묵적이 아니면 틀림없이 사학邪學의 잔당들이다"[3]라는 말에서 알 수 있듯 제3의 객관적 기준에 의거한 것이 아니다. 간단히 말하면 "유학이 정학正學이므로 유학이 아니면 이단이고 사설邪說이다"라고 하는 논점선취의 주장이다. 어쨌거나 유학에서 볼 때 동학은 성인聖人의 정학이 아닌 이단으로서 금지되어야 할 대상이었고, 최제우에게 씌워진 죄목도 바로 이단의 사설로 올바른 도리를 어지럽혔다(邪道亂正)는 것이었다.

유학이 이처럼 동학을 이단시하고 배척한 것과 달리, 최제우가 선성先聖의 가르침의 핵심을 '인의예지'로 파악하는 데서 알 수 있듯 동학에서

---

3) 『東學文書』, 「題音」, 67쪽.

는 유학의 가장 핵심적인 사회적 기능과 효용을 '인륜을 밝히고'(明人倫) '교화를 행하는'(行敎化)4) 것에서 찾고 있다. 또한 교조신원을 위한 상소 등을 포함한 초기 동학의 여러 문건에서 볼 수 있듯, 동학은 유학의 도덕 중시 사유를 동학 창도에 있어서 유학으로부터 취한 장점의 실질적 내용 으로 간주하고 있다.

그러면 최제우의 유학 이해를 좀 더 구체적으로 살펴보자. 최제우에 따르면, 유학은 성인이 자연에 대한 관찰을 통해 현상계 일체 변화의 원 인과 존재의 근원을 하늘에서 찾음으로써 천명天命에 대한 공경과 천리 에 대한 순응을 제시했고, 배움을 통해 천도天道를 밝게 깨닫고 천덕天德 을 닦는 것을 도덕적 인격에 이르는 방법으로 제시하고 있다고 한다.5) 즉, 모든 존재의 근원이자 변화의 궁극적 원인이 되는 것을 천도에서 찾 고, 그것이 내 안에 갖추어진 천덕을 체현해 냄으로써 도덕적 인격의 완 성을 궁극적 목표로 지향한다는 것이다. 유학의 본질과 근본 지향에 대 한 최제우의 이러한 이해는 정확하다. 그리고 최제우가 추구한 동학 역 시 이러한 사유형식과 지향을 그대로 이어받고 있다.

이처럼 최제우는 본연의 유학에 대해 정확한 이해와 긍정적인 태도 를 지녔을 뿐 아니라 자신의 동학을 그것과의 연속선상에서 파악함으로 써, 어떤 의미에서는 경천敬天에 있어서 유학의 계승을 자임하고 있기도 하다. 그래서 그는 "역괘 대정大定의 수를 살피고 삼대에 경천敬天하던 이

---

4) 『東學文書』, 「立議通文」, 57쪽.
5) 『東經大全』, 「布德文」, "自五帝之後, 聖人以生, 日月星辰, 天地度數, 成出文卷而以定天 道之常然. 一動一靜一盛一敗, 付之於天命, 是敬天命而順天理者也. 故人成君子, 學成道 德, 道則天道, 德則天德, 明其道而修其德, 故乃成君子至於至聖, 豈不欽歎哉."

치를 살핌에, 옛 유학자들이 천명에 순종한 것을 알겠으며 후학들이 그
것을 잊어버린 것을 탄식할 뿐이로다"6)라고 하면서 원시유학의 정신을
망각하고 제멋대로 마음을 냄으로써 천리를 따르지 않고 천명을 돌아보
지 않는 당시의 현실을 비판하고 있다. 또한 "수신제가修身齊家 아니하고
도성덕립道成德立 무엇이며, 삼강오륜三綱五倫 다 버리고 현인군자賢人君子
무엇이며"7)라고 하여 유학적 도덕규범의 중요성과 그 실천의 필요성을
강조하고, "임금이 임금답지 못하고 신하가 신하답지 못하며 아비가 아
비답지 못하고 자식이 자식답지 못한"8) 현실을 평생의 근심으로 삼았다
고 했다. 이상의 언급들을 통해서 최제우가 유학적 도덕규범을 중시했음
을 확인할 수 있다.

결국 최제우가 인의예지를 근간으로 하는 앞선 성인의 가르침인 유
학과 수심정기守心正氣를 근간으로 하는 자신의 동학9)을 '대동소이大同小
異'하다고 한 것은 이러한 이해에 근거한 것이다. 그가 파악한 유학과 동
학의 '대체적인 동질성'(大同)은 바로 도덕주체라는 인간 이해와 도덕적
본성의 구현을 위한 실천의 중요성을 강조한다는 점이다. 물론 그는 「몽
중노소문답」에서 "이 세상은 요순지치堯舜之治라도 부족시不足施요, 공맹
지덕孔孟之德이라도 부족언不足言이라"10)라며 유학의 현실적 효용성에 대
한 부정적인 생각을 말한 적이 있다. 그러나 그것은 유학 윤리규범 자체

---

6) 『東經大全』, 「修德文」.
7) 『용담유사』, 「도수사」.
8) 같은 책, 「몽중노소문답가」.
9) 『東經大全』, 「修德文」, "仁義禮智, 先聖之所敎, 守心正氣, 惟我之更定."
10) 『용담유사』, 「몽중노소문답가」.

나 공맹에 대한 부정이 아니라 윤리규범이 외재적 형식으로 굳어 버림으로써 인간 내면에 호소하는 자율적 실천덕목으로서의 기능을 상실하고 현실과 유리되어 가는 현상을 비판한 것이었다.

동학과 유학의 이러한 '대체적인 동질성'은 무엇보다 창도자인 최제우가 유학적 소양을 바탕으로 하고 유학적 관념에 깊이 훈습되어 있었기 때문이며, 당시까지 아직 유학이념이 가진 현실구속력이 완전히 상실되지는 않았기 때문일 것이다. 특히 교조신원 과정의 각종 동학 측 문건을 보면 '유학과의 작은 차이'조차 뒤로 감춘 채 "도덕이란 천지의 항상된 법도이고 고금에 보편적인 도리"임을 역설하고 유학과의 친연성을 한층 더 적극적으로 강조하면서 사도邪道로 지목당한 억울함을 호소하고 있다. 예를 들면, 1892년 공주집회에서 작성된 교조신원을 위한 「입의통문立議通文」에서는 "유학은 인륜과 교화에서 공이 있다"는 점을 강조하고 있으며, 1893년의 광화문 복합상소문에서는 동학이 불·선의 양 도를 수용한 것은 인륜을 부정하려는 것이 아니라 단지 불교의 자비와 선가의 수련상의 장점을 겸하기 위한 것이라고 하여 동학이 유학의 도덕규범을 계승하였음을 강조한다.[11] 비록 교조신원과 동학의 공인이라는 절박한 필요에서 기인한 것이기는 하겠지만, 어쨌든 그러한 발언이 나올 수 있었던 것은 동학이 도덕중심주의 사유를 유학과 공유하고 있다는 엄연한 사실을 떠나서는 설명할 수 없다.

---

11) 『東學文書』, 「立議通文」, 57쪽.

3. 동학의 유학사상 계승과 극복

앞서 동학의 유학 이해를 통해 양자의 공통 지향인 도덕중심주의를 확인해 보았다. 이제 그러한 도덕중심주의가 동학에서 어떠한 방식으로 이론과 실천의 구조 속에서 구체화되는지, 그리고 그러한 과정에서 유학의 영향은 무엇인지를 살펴봄으로써 '대동大同'의 지향이 구체적 문제 속에서 드러내는 '소이小異'를 검토하고 그 의미를 새겨 보기로 한다.

1) 기일원氣一元의 존재론

동학의 존재론을 굳이 주자학의 용어를 빌려 표현한다면 기일원론氣一元論으로 정의할 수 있다. 간단히 말해서 그것은 세계가 하나의 기로써 관철되어 있고 모든 존재의 생장과 소멸은 이 기氣의 '소사所使'라고 보는 관점이다. 수운은 이러한 기일원론의 존재론 위에서 동학 고유의 신관과 인간관 그리고 수양 이론을 제시하고 있고, 나아가 현실 변혁을 말하고 있다. 그런데 동학의 이러한 기일원론적 존재론은 당대 유학인 주자학의 존재론인 리기이원론理氣二元論에 대한 수정의 결과이다. 이를 구체적으로 살펴보자.

주자학에서 세계를 읽는 두 가지 틀은 리理와 기氣이다. 리는 만유의 존재 원인이자 법칙이며, 기는 세계를 구성하는 물질적 질료이다.[12] 리

---

12) 『朱文公文集』, 권58, 「答黃道夫」, "理也者, 形而上之道也, 生物之本也. 氣也者 形而下之器也, 生物之具也."

와 기의 관계에 있어서, 존재론적 선후를 따질 경우 물질적 질료인 기는 그것에 선재先在하는 리에 의해 생겨났기 때문에 "리가 먼저 있고 기가 있게 된다"(理先氣後)고 말할 수 있겠지만, 현상세계 차원에서 보면 리는 어디까지나 그것의 현존을 가능하게 하는 기와 동시에 존재하므로 선후를 말할 수 없다. 주자학에서는 이러한 리와 기의 관계를 '불리不離'와 '부잡不雜'이라는 논리로 설명하고 있다.

'불리不離'란 현상세계를 대상으로 삼아 파악해 낸 리기 관계에 대한 정의이다. 즉 현상의 모든 사물들은 리와 기가 모여서 이루어진 리기의 통일체라는 점에서 리와 기는 서로를 떠나서 있지 않다(理氣不相離)는 의미이다.13) 한편, 비록 현상세계에서의 리와 기는 상호 의존적이어서 분리될 수 없지만, 현상계 사물들의 존재 원인을 소급해 가게 되면 문제는 달라진다. 여기서 제시되는 리와 기의 관계에 대한 정의가 바로 '부잡不雜'이다. 그것은 바로 리는 기를 포함한 모든 현상적 존재의 궁극적 원인이자 원리이며, 따라서 기와의 논리적 분리 가능성을 지니고 있음(理氣不相雜)을 말하는 것이다. 즉 기를 포함한 만물이 생겨나기 위해서는 만물은 물론이고 기가 있기 이전에 이미 그것들을 가능하게 하는 선행의 원리나 근원적 존재가 있어야 하는데 그것이 바로 리라는 의미이다.14)

동학의 존재론은 주자학의 리기이원론理氣二元論적 존재론을 기일원론氣一元論적 존재론으로 전환시키는 데서 출발한다. 그것은 곧 리와 기에

---

13) 『朱子語類』, 권1, 「理氣上·太極天地上」, "天下未有無理之氣, 亦未有無氣之理."
14) 『朱子語類』, 권1, 「理氣上·太極天地上」, "有是理, 然後生是氣."; "未有天地之先, 畢竟先有此理, 動而生陽, 亦只是理, 靜而生陰, 亦只是理."

관한 두 규정 중에서 양자의 분리를 가능하게 하는 논리인 '리기불상잡理氣不相雜'을 부정하는 것이다. 동학이 보기에 리와 기는 현상계 사물의 차원에서 통일되어 있어 별개의 둘이 아닐 뿐 아니라, 그 사물들의 근원을 소급해 올라간 궁극적인 근원에서도 나누어 볼 수 있거나 선후를 말할 수 있는 것이 아닌 일체적인 것이다. 리란 어디까지나 기 자체가 지니고 있는 법칙일 뿐이기 때문이다.

이것은 리에 관한 이해에 있어서 '기에 대한 리'에서 '기의 리'로 그 의미를 전환한 것이고, 리가 지닌 사물의 궁극적인 존재 원리로서의 독립적 지위를 부정하는 것이다. 동학은 이러한 기일원론적 존재론에 근거해서 하늘을 설명하고 하늘과 인간의 관계, 그리고 인간의 수양에 관한 문제를 설명하게 된다. 먼저 수운은 일기一氣의 편재遍在를 다음과 같이 설명하고 있다.

> 기氣는 허령창창하여 일에 간섭하지 않음이 없고 일에 명령하지 않음이 없으며 모양이 있는 듯하나 모양을 말하기 어렵고 들리는 듯하나 보기 어려우니, 이는 또한 혼원한 일기一氣이다.[15]

기는 이처럼 모든 곳에 존재하면서 일체의 현상적 변화를 일으키는 원인일 뿐 아니라 그러한 현상적 변화의 객체인 만물의 존재 근원이기도 하다. 사람을 비롯한 온갖 사물들은 바로 그러한 기의 작용에 의해 생겨난 것이기 때문이다. "음양이 서로 고르게 펴짐에 수백 수천 가지 만물

---

15) 『東經大全』, 「論學文」.

이 그 가운데에서 화해 나온다"거나 "하늘은 오행五行의 벼리(綱)이고 땅은 오행의 바탕(質)이며 사람은 오행의 기氣이니, 천지인天地人 삼재三才의 수數를 여기에서 볼 수 있다"[16]는 말은 바로 그것을 이야기하는 것이다.

결국 최제우가 보기에 기란 어디에도 없는 곳이 없고 어떤 변화나 사태에도 간여하지 않음이 없다는 점에서 현상계 변화의 원인일 뿐 아니라, 모든 존재의 궁극적인 원인이기도 하다. 이러한 기론적 사유는 해월 최시형에 오면 한층 더 명확하게 제시된다. 최시형은 "우주 사이를 가득 채우고 있는 것이 모두 혼원한 일기一氣"임을 밝히고,[17] "기란 것은 천지天地·귀신鬼神·조화造化·현묘玄妙를 포괄한 이름으로 모두 하나의 기"임을 강조한다.[18]

물론 최제우와 최시형의 글에서도 리에 관한 언급은 보이지만, 그것은 주자학에서 말하는 바와 같은 기와 분리될 수 있는 궁극적 원인이나 근거라는 의미를 지니지는 않는다. 예컨대, 최제우에게서 리는 대체로 '천리天理', '지리地理', '삼재지리三才之理', '자연지리自然之理' 등의 용례에서 볼 수 있듯이 독자적인 개념이나 존재론의 독립적인 한 범주가 아니라 어떤 사물이나 현상이 지닌 이치나 도리를 가리키는 비근한 의미의 개념이다. 최제우와 달리 최시형은 리와 기를 자주 '리기理氣' 식의 한 쌍의 범주로 사용하고 있지만, "기氣가 곧 리理이니 어찌 반드시 나누어서 둘이라고 하겠는가?"[19]라는 말에서 알 수 있듯 그 또한 '리기불상잡理氣不相

---

16) 같은 책, 「論學文」.
17) 『天道敎經典』, 「海月神師法說·誠敬信」, 305쪽.
18) 같은 책, 「海月神師法說·天地理氣」, 246쪽.
19) 『天道敎經典』, 「海月神師法說·天地理氣」, 247쪽.

難'을 인정하지 않고 있다. 특히 "우주는 일기一氣의 소사所使이며 일신一神의 소위所爲이다"[20]라는 최시형의 언급 중 '일기一氣의 소사所使'라는 표현은 기를 '부림'의 주체로 이해하고 있다는 점에서 주목할 만하다.

전통적으로 주자학의 리기론에서는 기에 현상계 만물과 변화 배후의 궁극적인 원인이나 변화 작용의 원인 혹은 주체로서의 자격을 부여하지 않는다. 기에 선행하고 기보다 우월하며 기를 지배하는 원리인 리가 있기 때문이다. 기는 어디까지나 그런 리에 의해 생겨난 것으로, 리가 만물을 구성하고 현상의 변화가 일어나도록 하는 데 쓰이는 물질적 바탕이거나 '부림을 당하는' 도구일 뿐이다. 따라서 주자학에서 우주는 어디까지나 리의 '소사所使', 즉 리의 주재主宰의 결과물인 것으로 이해된다. 그렇게 본다면 최시형의 위와 같은 표현은 리의 독립성을 부정하는, 즉 리란 기를 떠나서 존재할 수 있는 별도의 원리가 아니라 어디까지나 기가 지닌 원리나 법칙일 뿐이라고 보는 사유체계에서나 가능한 것이다. 그러한 입장이 곧 기일원론적 존재론이다.

리기이원론에서 기일원론으로의 존재론적 전환이 지니는 의미는 무엇인가? 이에 관해서는 여러 가지로 말할 수 있겠지만, 가장 중요한 사실은 그것으로 인해 존재론적 위계(Ontological Hierarchy)가 부정되고 모든 존재의 일체적 평등의 이론적 근거가 마련되었다는 것이다. 리기이원론에서 리와 기로 대표되는 형이상·형이하 / 본체·현상 / 정靜·동動 / 절대성·상대성 / 불변성·가변성 등의 표현들은 결코 단순한 사실이나 상태

---

20) 같은 책, 「海月神師法說·其他」, 413쪽.

에 대한 기술에 그치는 것이 아니다. '운동과 변화 상태에 있는 상대적인 형이하의 현상세계'에 비해 '정적인 불변의 상태에 있는 절대적인 형이상의 본체세계'가 더욱 근본적이고 선행하며 가치적으로 우월한 세계로 이해되기 때문이다. 이 점은 주자학적 존재론에서 리기 관계가 '리선기후理先氣後', '기생어리氣生於理', '리주기종理主氣從', '리주기노理主氣奴' 등으로 표현되는 데서 단적으로 확인할 수 있다.

이러한 존재론적 위계가 중요한 것은 그것이 곧바로 사회적 관계의 위계질서를 정당화하는 이론적 근거로 기능하기 때문이다. 즉, 전통사회에서 드러나는 지배계층과 피지배계층, 군주와 신하, 남편과 아내, 어른과 아이 같은 관계들 속의 불평등성과 현실적인 억압은 바로 이러한 리기론적 존재론에 의해 정당한 것으로 지지된다는 것이다. 따라서 기일원론으로의 전환은 리의 권능과 우월성을 무화無化시켜 버림으로써 사회적 불평등과 억압의 구조를 부정하고 나아가 동질적인 기의 공유라는 사실에 의거해 인간은 물론이고 만물 간의 평등을 운위할 수 있게 하는 존재론적 근거를 제시해 주었다는 의미를 지닌다.

2) 천인합일天人合一의 사유

앞에서 언급했듯 주자학에서는 현상적 존재인 사람을 포함한 만물은 리와 기의 결합으로 이루어진다고 본다. 즉 만물이 지닌 원리인 본성(性)과 기질인 육체(形)는 각각 그러한 리와 기에 의해 부여된 것이다.[21] 여기서 주자학은 '리일분수理一分殊'의 명제에 의해 리가 원리로서 만물에 내재되어 있다는 리의 사물상의 편재遍在를 설명하고, '성즉리性卽理'의 명제에 의해 그 리와 사물의 본성을 동일시함으로써 맹자에게서 구체화되었던 유학의 성선설을 인간의 범위를 뛰어넘어 만물에까지 확대 적용하고 있다.[22] 즉, 리는 세계의 보편적인 원인이자 법칙으로서, 기를 품부받아 생겨난 모든 사물에 빠짐없이 내재되어 각 사물의 본성(性)을 이루고 있다는 것이다.[23] 이것은 바로 유학의 전통적인 '천인합일天人合一'의 천인 관계를 리기理氣를 근본 범주로 하는 존재론에 의해 다시 해명하는 것이다. 즉 하늘과 사람으로 대표되는 만물은 동일한 리를 공유하고 있다는 점에서 동질적이다.

그런데 주자학에서는 동일한 리를 공유하고 있다는 점에서 하늘과 사람이 동질적이기는 하지만, 그것은 어디까지나 원리적인 동질성일 뿐 현실적으로는 하늘과 사람은 차이가 있다고 본다. 사람은 하늘과 달리 기를 품부받아 구성한 기질氣質(육체)을 지니고 있는 존재이며, 바로 그 기질이 본성으로 내재된 리의 온전한 실현을 제약하거나 방해하고 있기 때문이다. 결국 주자학은 리기론을 토대로 리에 의해 하늘과 사람의 본질적인 동질성을 제시하는 동시에, 기에 의해 현실적으로 하늘과 사람 간의 간극間隙, 즉 현실적 비동질성의 존재를 제시하고 있는 것이다.[24]

---

21) 『朱子大全』, 권58, 「答黃道夫」, "人物之生, 必稟此理, 然後有性, 必稟此氣, 然後有形."
22) 『中庸章句』, 1장, "人物之生, 各得其所賦之理, 以爲健順五常之德, 所謂性也.";『朱子語類』, 권5, 「性理二・性情心意等名義」, "性則純是善底.";『孟子集註』, 권14, 「告子上」, "性卽天理, 未有不善者也."
23) 『朱子語類』, 권4, 「性理一・人物之性氣質之性」, "天下無無性之物. 蓋有此物, 則有此性."
24) 이러한 본질적 동질성과 현실적 비동질성이라는 불일치의 틈새에서 주자학적 수양론의 입지가 생기게 된다. 기질의 제약과 방해를 넘어서는 도덕실천의 노력(수양)

동학 역시 유학적 사유의 근간이 되는 천인합일의 사유를 지니고 있다. 그것이 바로 나중에 시천주侍天主 사상으로 구체화되는 일기一氣를 매개로 한 하늘과 사람의 일체성에 대한 사유이다. 시천주 사상은 사람은 하늘을 안에 모시고 있는 존재라는 점에서 하늘과 하나임을 천명하는 것이다. 비록 최제우는 하늘이 무엇인지를 명시적으로 제시하고 있지는 않지만, 그의 언급을 통해 유추해 본다면 그가 제시하고자 했던 하늘은 바로 지기至氣의 기화氣化 자체를 가리키는 것으로 볼 수 있다.

최제우는 기화를 다양하게 설명하고 있다.[25] 천도天道와 귀신鬼神, 조화造化 등은 모두 기화인 하늘에 관한 다양한 이름들이다. 즉 기화 과정에 있는 기가 지닌 일정한 법칙성을 가리켜 천도天道라고 하고, 그것이 음양교체로 인해 변화무쌍함을 일러 귀신鬼神이라 하고, 기화를 통해 만물을 화생하는 자연스러운 작용(無爲而化)을 가리켜 조화造化라고 부른다. 이것은 최시형의 다음과 같은 말에 잘 정리되어 있다.

귀신은 그 기가 형체를 알기 어렵고 움직임을 헤아리기 어려운 것을 말한 것이고, 기운은 그 기가 강건하고 쉼 없이 작용하는 것을 말한 것이고, 조화는 현묘하여 억지로 함이 없음을 말한 것으로, 그 근본을 궁구하면 다만 일기一氣일 뿐이다.[26]

을 통해 현실적 비동질성을 극복하고 본연의 동질성을 회복해야 함을 말하면서 그 방법에 대해 논의하는 것이 바로 주자학의 수양론이기 때문이다.

25) 예를 들면 "원형이정은 天道의 항상적인 법도이다"(「修德文」), "봄가을이 번갈아 나타나고 사시의 성쇠가 있어서 옮기지도 바뀌지도 않으니 이것이 곧 造化의 자취가 천하에 뚜렷이 드러나는 것이다"(「布德文」), "천지 역시 鬼神이오 귀신 역시 음양인 줄 이같이 몰랐으니"(「도덕가」) 등이 그것이다.

26) 『天道敎經典』, 「海月神師法說」, '天地理氣', 247쪽.

기화 자체인 하늘과 기화의 결과인 사람을 비롯한 현상적 존재들은 일기一氣를 매개로 일체적 관계에 있다. 즉, 현상적 존재들은 기가 응취凝聚하여 형체를 이룬 것이고 하늘은 기화의 과정에 있는 혼원한 기로서, 하늘의 형체를 볼 수 없다는 점에서 다를 뿐27) 본질적으로 동일하다. 따라서 동학의 이러한 사유는 유학의 전통적 천인합일사상의 동학적 표현이라고 할 수 있다.

시천주의 천인합일사상은 유학의 천인합일 사유의 영향을 받았으되 다음과 같은 점에서 다르다. 우선 유학 즉 주자학에 따르면 사람이 본성으로 품부받은 것은 기가 아니라 리이며, 기는 단지 리가 안착할 수 있는 바탕(安頓處)인 형질을 이루는 질료적 요소일 뿐이다. 반면 동학에서는 "양의사상 품기해서 신체발부 받아내어"28) 생긴 형체는 물론이고, 그 속에 담긴 신령까지도 모두 기의 조화의 결과이다. 또한 주자학에서는 리가 현상 속의 사물에 내재되어 본성을 이루고서도 여전히 현상을 초월한 본체의 세계에서 초월적 원리로 남아 있다고 보는 반면, 동학에서는 기가 기화氣化로서 현상세계 속에서 작용하면서 '백천 가지 만물을 그 속에서 화생化生해' 내고 '사시四時의 성쇠'를 이루며 '우로雨露의 은택'을 베풀고 인간사의 '일동일정一動一靜과 일성일패一盛一敗'를 주재한다고 본다. 또한 주자학의 리는 무조작無造作·무계탁無計度의 비활성적이고 정태적인 원리일 뿐29)인 데 반해, 동학에서 천인합일의 핵심적 매개체가 되는 기

---

27) 오지영, 『東學史』, 5~6쪽, "문: 사람이 한울이라 함은 무엇이뇨? 답: 有形曰 사람이요 無形曰 한울이니, 有形과 無形은 이름은 비록 다르나 理致는 곧 하나니라."
28) 『용담유사』, 「도덕가」.
29) 『朱子語類』, 권1, 「理氣上·太極天地上」, "理却無情意, 無計度, 無造作." 이러한 理의

는 그것이 기화 과정에 있건 만물 속에 신령으로 있건 한순간도 그침이 없는 영활靈活한 작용성을 본질로 한다. 시천주의 천인합일 사유에서는 일기一氣의 내재성에 근거해 사람과 하늘의 일체성을 강조하는 동시에, 일기인 하늘이 내 밖에서도 여전히 기화로 작용하면서 개체와 접하고 있음을 말하기 때문이다. 수운이 말한 신령神靈과 기화氣化는 바로 하늘의 내재성과 외재성을 동시에 제시하고 있는 개념들이다.

3) 평등적 인간관

동학이 설정한 평등한 존재로서의 인간의 모습을 이끌어 내는 계기는 두 방향에서 주어진다. 하나는 전통 유학(주자학)이고 다른 하나는 서학, 즉 천주교이다. 전자가 이론적 이상으로 주어진 계기라면 후자는 눈 앞의 현실로서 드러난 계기였다.

유학의 평등적 인간관이란 맹자가 구체화한 그것으로, 모든 사람들에게 도덕적 본성이 구유되어 있으며 따라서 길 가는 사람들 모두가 요순과 같은 사람이라는 인간 이해이다. 이러한 성선론적 입장은 『중용』 등에서는 하늘로부터 선험적으로 본성을 품부받는 것으로 설명되고, 송대 성리학에 이르러서는 리理·기氣 개념을 근간으로 하는 존재론에 의해 정합적인 설명 구조를 가지게 된다.

그러나 유학의 도덕본성의 보편적 구유라는 평등적 인간관은 실제로

성격에 대해 牟宗三은 『心體與性體』에서 "실재하기는 하되 활동하지 않는 것"(存有而不活動)으로 규정하고 있다.

는 이론적 가능성으로만 머문 채 현실의 계급적 사회구조 속에서 한 걸음도 더 나아가지 못하고 실현되지도 못했다. 천인합일의 사유에 근거한 성선론이라는 유학의 평등적 인간관은 그 혁명적 가능성에도 불구하고, 남자와 여자, 군주와 신하, 지배계층과 피지배계층, 어른과 아이, 남편과 아내 등 모든 사회적 관계에 있어서의 선후, 본말, 우열의 질서를 규정하고 있는 현실의 벽을 넘지 못한 채 하나의 이론적 차원의 이상으로만 머물 수밖에 없었던 것이다. 맹자 이래로 유학에서는 "길 가는 사람이 모두 성인이다"라는 선성善性의 보편성을 인정하면서도, 사회적 계급 즉 양반과 상민, 천민의 구분을 용인하고 성에 따른 남자와 여자의 차등을 묵인하며 장유의 잣대로 어린아이의 지위를 부당하게 비하하는 등의 봉건사회의 불평등을 용인하는 상황이 일관되어 왔다. 이는 곧 유가의 이론적 이상이 현실 속에서 실현되지 못하고 좌절된 양상이라고 할 수 있다.

그러나 동학에서는 성선적 인간 이해의 실제적 실현과 실천을 강조한다. 시천주侍天主에 근거한 인간 이해와 실천은 유학적 성선론의 현실적 한계를 넘어서는 새로운 인간관이다. 구체적으로, 최시형은 조선시대의 대표적 불평등 현상인 반상과 적서의 차별을 집안을 망치고 나라를 망치는 근본 원인으로 규정한 후 그러한 사회적 차별을 거부하고 사람들 사이에 공경恭敬에 기초한 평등한 관계를 세울 것을 말하고 있다.30) 이는 일기를 매개로 한 만유평등성의 인정과 실현을 요구하는 것으로, 기일원

---

30) 『天道敎經典』, 「海月神師法說」, '布德'.

론적 존재론이 성선론적 평등사상으로 전개되고, 그것이 다시 현실의 실천으로 이어지는 단적인 사례이다.

주자학과 동학의 평등사상이 지닌 이러한 현실 실천에서의 차이는 다음과 같은 두 가지 서로 다른 조건을 반영하고 있다. 하나는 사상 주체의 상이함이다. 전자가 부단히 지배자 중심의 이념으로 기능해 온 것이라면, 동학은 유학과의 내용적 유사성에도 불구하고 당시의 위계에서 말단에 서 있던 피지배계급의 염원을 담지하고 있는 사상이다. 따라서 유학이 그 자체에 평등적 인간관의 가능성을 내재하고 있음에도 불구하고 현실에서는 지배 관계를 합리화하기 위해 온갖 사회적 차별의 정당성을 제시해 왔던 반면, 동학은 주자학의 현실적 한계에서 벗어나려 하고 또 지배자 중심의 차별을 정당화하는 논리를 극복하려는 분명한 자각을 지니고 있었다.

또 하나의 상이함은 인성론의 배경이 되는 존재론의 차이이다. 주자학은 천인합일과 성선설에 기초한 평등적 인간관의 가능성에도 불구하고, 리기론에 근거한 존재론적 위계를 현실의 사회적 관계에 그대로 적용함으로써 불평등한 인간관계를 정당화하는 데에 이르고 만다. 반면 동학에서는 초기 명제인 최제우의 '시천주侍天主'이든 최시형과 손병희로 이어져 한층 적극적으로 천명된 '인내천人乃天'이든, 모두 기일원론적 존재론을 이론적 전제로 삼고 있다. 이는 일기一氣의 동일성을 근거로 나와 하늘이 하나임을 말한 후, 그것이 나에게만 해당되는 것이 아니라 나와 다를 바 없이 일기의 '소사所使'인 다른 모든 사람들에게서도 마찬가지임을 강조한다. 이러한 철저한 기일원론적 존재론에서는 리기이원론에서와 같은 존재론적 위계론의 틈입을 원천적으로 허용하지 않는다.

4) 내면적 수양의 중시

최제우 동학 창도 당시의 상황은 주자학이 형식적 의례와 외적 규제로 전락함으로써 자율적 규범으로서의 기능을 상실하고 현실과 유리되어 가고 있었다. 최제우는 인의예지의 덕목과 오륜五倫의 규범이 운위되고 있음에도 사람들의 마음과 풍속이 흉흉하기 짝이 없는 당시의 사회상을 보고 유학도 누천년에 그 생명을 다한 것은 아닌지 회의하게 되었다.31) 그것은 아마도 리의 편재성에 근거해 외재적 진리를 대상으로 하는 궁리공부를 중시했던 주자학적 수양 방법의 말폐와 자율적 도덕의식의 상실에 따른 현실의 모순상이었을 것이다. 이러한 상황에 대해 최제우가 유학에 대한 경정更正인 동학을 통해 수양론적 맥락에서 내놓은 처방은 두 가지였다. 먼저 이에 관한 최제우의 언급을 살펴보자.

열세 자 지극하면 만권시서萬卷詩書 무엇하며 심학心學이라 하였으니 불망기의不忘其意 하였어라.32)

십 년을 공부해서 도성입덕道成立德 되게 되면 속성速成이라 하지마는 무극無極한 이내 도道는 삼년불성三年不成 되게 되면 그 아니 헛말인가.33)

---

31) 『용담유사』, 「권학가」, "부자유친 군신유의 부부유별 장유유서 붕우유신 있지마는 인심풍속 괴이하다."; 「교훈가」, "유도 불도 누천년에 운이 역시 다했던가."
32) 같은 책, 「교훈가」.
33) 같은 책, 「도수사」.

이 말은, 외재적 규범에 따르는 타율적이고 형식적인 수양 방법을 거부하고 개개 주체에게 부여된 선험적 덕성의 존재와 그것을 실현해 낼 수 있는 능력인 심心을 자각하고 지켜 내려는 것이며, 동시에 외재적 도덕률에 행위를 피동적으로 일치시키는 데에서 벗어나 도덕인격 실현의 거점을 내면에 설정하려는 것이다. 이것이 옛 성인의 '인의예지仁義禮智'의 가르침과 나란히 내세운 그의 '수심정기守心正氣'의 수양 방법이다. 여기서 최제우는 외물을 대상으로 하는 탐구 즉 궁리窮理를 중시하는 주자학과 대비되는 심학心學을 제시하고 있다.[34] 그것은 주자학 지배의 현실 속에서 독서 같은 외재적 진리의 섭렵인 궁리에 치중하거나 오륜 등 도덕규범을 피동적으로 수용함으로써 초래되는 지리함과 타율성의 폐단에서 벗어나 내면의 주체에 대한 성찰과 자각을 회복해야 함을 말한 것이다. 즉, 그것은 곧 외재적 진리나 규범에 기울었던 중심을 사람, 정확히 말하면 심心에로 되돌리는 것이며, 진리든 규범이든 어디까지나 사람의 진리이고 사람의 규범일 뿐임을 확인하려는 것이다.

결국 「수덕문修德文」에서 "인의예지仁義禮智는 옛 성인의 가르친 바요, 수심정기守心正氣는 내가 다시 정한 것이니라"[35]라고 한 최제우의 말은 인의예지의 유학적 도덕규범을 일단 긍정하면서도 그것을 하나의 외재

---

34) 물론 여기서 수운이 언급한 心學이라는 것은 흔히 성리학 내부 理學이나 氣學과 대비되며 陸王으로 대표되는 특정한 사상유파를 가리킨 것은 아니다. 그렇기는 하지만, 그가 심학이라는 용어를 통해 만권시서의 섭렵과 같이 마음 밖의 외물을 대상으로 한 道問學의 방법을 지양하고 내면의 마음 위에서의 수양공부의 필요성을 강조하고 있는 것은 분명하다.

35) 『東經大全』, 「修德文」, "仁義禮智, 先聖之所敎, 守心正氣, 惟我之更定."

적 강제로 전락시킴으로써 현실적 기능성을 상실한 당시의 현실을 비판하려는 의도를 담은 것이었다.

최제우가 내놓은 또 하나의 처방은 수양공부의 간이화와 대중화이다. 그는 '심학'이라는 표현을 통해 주로 내면의 심心이라는 수양공부의 착수처를 제시하면서 그에 부응하는 다양한 간이화와 대중화의 수양 방법도 제시했다. 전통적으로 유학 특히 주자학에서는 도덕적 완성이라는 목표에 이르는 방법으로 독서, 강학 등 장기간의 학습을 요하는 과정을 설정하고 있다. 이것은 일반 서민을 포함한 기층민중들에게는 그림의 떡과 같은 것이고, 결국 소수의 특권적 독서계층의 독점물이 될 수밖에 없다. 그렇기 때문에 수운은 3년 이내, 혹은 입교한 그날부터 도성덕립道成德立이 가능한 동학에의 길로 들어서기를 권유한 것이다. 그 방법은 바로 '시천주侍天主'로서의 자신의 존재에 대한 흔들림 없는 굳은 믿음과 천주에 대한 경외심을 지니는 것이었다.

동학의 핵심 사상인 '시천주侍天主' 신앙은 하늘이 내 안에 들어와 있다는 사실에 대한 믿음이다. 「교훈가」의 "입도한 세상사람 그날부터 군자되어 무위이화 될 것이니 지상신선 네 아니냐"라는 말처럼 이미 천주를 모시고 있는 존재인 이상 중요한 것은 그에 대한 깨달음과 믿음이며, 깨달음과 믿음 이후에는 일상 속에서 정성스러움과 공경스러움으로 천주를 모셔 내는 일만이 남아 있을 뿐이다. 수운이 만권시서의 독파보다 효과적이라고 했던 13자 주문의 염송 역시 이러한 시천주로서의 자신에 대한 자기 확신을 심는 한 방법으로 이해할 수 있을 것이다. 결국 시천주로서의 자신의 존재를 자각하면 "그날부터 군자가 된다"는 동학의 수양론은 유학적 수양론의 간이화·보편화·대중화라고 할 수 있다.

4. 동학의 사상사적 의의

이상에서 우리는 유학의 영향을 중심으로 동학사상을 검토해 보았다. 이를 통해 유학이 수운의 동학 창도에 사유의 내용과 형식 모두에 걸쳐 중요한 영향을 미쳤음을 확인할 수 있었다.

동학교도들 스스로 "우리 동학은 유불선 삼교三敎이다"라고 하거나 좀 더 구체적으로는 "셋을 합하여 하나로 함에 그 장점을 취하고 단점을 버렸다"[36]라고 밝히고는 있지만, 객관적으로 볼 때 동학은 유불선 삼교의 균등한 절충이라고는 할 수 없다. 무엇보다 동학의 근본적 지향인 도덕중심주의적 사유는 전적으로 유학의 영향으로 인한 것이라고 보아야 할 것이다. 하늘에 의해 나서 하늘을 모시면서 하늘 속에서 살아가는 도덕적 본성을 구유한 존재인 인간이 수양을 통해 도성덕립道成德立의 도덕적 인격의 완성에 이르는 것을 목표로 설정하고 있는 것이 그것이다. 이것이 유학의 영향으로 인해 동학이 띠게 되는 근본적 지향이며, 이 점이 바로 두 사상체계의 '대동大同'적 요소이다.

'대동'의 요소는 근본적 지향이라는 내용적 측면뿐 아니라 유학의 영향을 받은 사유형식에서도 발견된다. 유학은 북송시기에 와서 정합적 이

---

36) 『東學文書』, 「各道東學儒生議送單子」, 60쪽.

론구조에 의해 지지되는 확고한 실천윤리의 구축을 기도하는데, 그것은 바로 다름 아닌 성리학(송명리학)이다. 성리학은 본체론(존재론)과 인성론 (인간론)과 수양론(도덕실천론)이 긴밀하게 결합된 사유구조 속에서 인간의 도덕적 본성의 근원과 구조, 그리고 그 본성의 실현 방법 등을 논하게 되는데, 그것을 위해 동원되는 이론적 틀이 바로 천인합일天人合一의 사유 와 리기론理氣論이다. 그런데 앞의 논의에서 우리는 이러한 성리학의 사 유형식이 동학에서도 그대로 수용되어 사용되고 있음을 확인할 수 있었 다. 따라서 동학은 그 사유형식에 있어서도 역시 유학과 '대동大同'의 측 면을 지니고 있다고 말할 수 있을 것이다.

그렇다면 동학으로 하여금 유학을 넘어서서 당대의 현실 속에서 민 중의 염원에 부응하고 새로운 시대를 여는 사상일 수 있게 한 단서가 되는 '소이小異'는 어디에 있는 것인가? 우리는 그 가장 중요한 계기가 존재론 상에서 주자학의 리기이원理氣二元의 사유체계를 기일원氣一元의 사유체계로 전환하는 데서 시작되었음을 확인할 수 있었다. 즉, 그러한 존재론적 전환을 통하여 현실의 불평등의 근거가 되었던 존재론적 위계 를 부정하면서 동학은 사람과 만물을 포함한 만유의 평등이라는 사유에 이르게 된 것이다. '범재신론汎在神論(Panentheism)으로 불리는 동학 특유의 하늘에 대한 사유와 근대사상적 요소로서의 인간평등사상은 모두 이러 한 존재론적 전환으로 인해 가능해졌다. 또한 그것은 동학으로 하여금 근대의 개벽기이던 당시는 물론이고 현재도 여전히 대안적 사상으로서 의 모색 가능성을 열어 놓게 해 주는 계기가 되었다.

동학과 유학의 관계를 어떻게 설정할 것인가는 관점에 따라 차이가 있을 수 있다. 동학사상 내부에는 유학에 대한 부정과 긍정의 양면이 모두 존재하기 때문이다. 논자의 경우에는 사상사의 연속성을 고려할 때 동학을 유학적 지향의 완성형으로 볼 수도 있겠다고 생각한다. 그것은 수운의 의도가 어떠했느냐 하는 것과는 무관하다. 그러한 생각의 근거는 유학이 기획하고 지향했지만 미완에 그쳤던 궁극적인 이상의 실현을 동학에서 발견할 수 있다는 점에 있다. 즉, 중세사상인 유학에서는 당초의 지향에도 불구하고 봉건사회의 현실적 한계로 인해 이론적 천명이나 불완전한 구현으로 머물 수밖에 없었던 인간존중과 만인평등의 사상이 동학에 이르러 근대적으로 구현되고 완성되었다고 할 수 있다는 것이다.

유학은 성선론적 인간관에 기초한 평등사상의 단서를 지녔고 선한 본성을 실현하는 방법에 있어서 내성주의內省主義적 수양과 현실에서의 실천을 아울러 강조하고 있지만, 현실경영의 이념이라는 한계로 인해 그것이 철저하게 관철되지 못했다. 그리하여 유학은 마침내 조선 후기의 현실 속에서 타율적 형식규범으로 전락해 버림으로써 개인의 수양과 현실 타개 모두에 무력하고 쓸모없게 되는 상황에 처하고 말았다. 동학이 지닌 유학과의 '소이小異'는 이러한 상황에 빠진 유학에 대한 수운의 경정에서 비롯되었다.

제4장
서산 김흥락과 그 문도를 통해 본 도덕중심주의 분화

1. 김흥락의 시대 인식

서산 김흥락과 그 제자들이 활동했던 시대는 전근대에서 근대로 이행하는 시간이자 역사에서 유례없는 변화와 격동의 시기였다. 이러한 내외의 격변은 당시 유학적 지식인들에게 가히 "오늘날 세상의 변화는 춘추시대에 없었던 정도가 아니라 진한秦漢 이래 원명元明시기를 통틀어서도 있은 적이 없었던 큰 변화"[1]라는 탄식을 자아내기에 족한 것이었다.

조선의 경우, 개항을 전후한 이 시기는 임진왜란과 병자호란 이후 축적되어 온 사회적 동요가 1811년의 홍경래의 난을 기점으로 1862년의 진주민란, 1882년의 동학농민운동 등으로 전개되며 깊어지고 있었고, 밖으로는 일제를 비롯한 서구 제국주의의 침략으로 조선 사회는 미증유의 혼란과 위기의 국면으로 치닫게 된다. 1866년 병인양요 때까지도 조선 정부는 외세배척의 결의를 새긴 '척화비斥和碑'를 전국 각지에 세웠다. 이러한 위기 상황 속에서도 당시의 정치 세력은 민심을 도외시한 척족의

---

1) 張之洞, 『勸學篇』, 「序」.

세도정치에 골몰하고 있었다. 그러나 1876년 강화도 사건을 계기로 외세에 굴복한 조선은 마침내 통상을 허용하였고, 이후 서구 열강들과 잇달아 통상조약을 맺음으로써 개화기로 전환하게 되는데, 그러한 상황에서 조선 사회 내부는 서구의 문물과 제도에 대한 쇄국과 개화의 기로에서 방황하게 된다.[2]

서산 김흥락과 그의 문도들은 이러한 시대를 살면서 점증하는 내외의 모순이 촉발한 사건을 목격하면서 고古와 금今, 동東과 서西의 경계에 서서 유학적 가치와 그에 기반한 체제와 사회의 출로에 대해 고민하고 그에 상응하는 실천에 나서게 된다.[3] 김흥락(1827~1899)이 1894년 올린 영해부사 사직소에는 당시 그가 목도한 혼란한 현실이 잘 나타나 있다.

지금 국운이 어려움에 처해 근본이 흔들리니 권위는 실추되고 백 가지 법도가 해이해졌습니다. 토색질하는 자가 벼슬자리에 앉으니 탐욕과 도적질이 풍조가 되었습니다. 병기는 소모되고 재용은 고갈되어, 백성이 원망하며 귀신이 노여워합니다. 섬나라 오랑캐를 불러들이고 안으로 불화하여 도성과 궁궐에 바짝 근접하게 하였습니다. 관청의 기강을 어지럽히고 거제車制와 복제服制를 혁파하니, 토비土匪가 사방에서 일어나고 괴이한 말이 온 나라에 가득합니다.[4]

---

2) 박경환, 「동아시아 유학의 근현대 굴절양상」, 『국학연구』 4집(2004).
3) 김흥락의 문도들은 1860년 동학의 창도, 1862년 임술농민봉기, 1866년 병인양요, 1871년 신미양요, 1876년 개항, 1882년 임오군란, 1884년 갑신정변, 1894년 동학농민전쟁, 1895년 을미사변, 1897년 대한제국 성립, 1905년 을사늑약 체결, 1906년 통감부설치, 1910년 경술국치, 1919년 3·1운동 등 숨 가쁘게 역사적 사건이 이어지는 격변의 시기를 지나게 된다.
4) 『西山集』, 권2, 「疏·辭寧海府使疏」, "今國運艱否, 根本杌陧, 威權失御, 百度解弛. 掊克在位, 貪饕成風. 兵耗財竭, 民怨神怒. 馴致島夷內訌, 近城闕. 變亂官紀, 易制車服, 土匪

19세기 후반 조선 사회의 봉건시대에서 근대로의 전이는 준비된 과정이 아니라 서구 혹은 서구를 한발 앞서 배운 일본에 의한 제국주의적 침탈로 인한 내외적 모순에 의해 강요된 것이었고, 따라서 그 전이 양상도 급박하고 다양할 수밖에 없었다.

김흥락과 그의 문도들은 이러한 시대를 살면서, 그들이 계승한 퇴계학의 학문을 통해 시대의 문제에 대응하게 된다. 그의 문도들은 다른 지역 여타 학파들이 그러하듯, 전통적 유학의 가치와 체제를 수호하는 한편 변화된 시대에 부응해 유학의 혁신과 실천을 통해 시대의 요구에 부응하려고 했다.

2. 김흥락 사상의 연원과 특징

성리학에서 인성론과 그에 근거한 수양론 및 이상사회론의 토대가 되는 것이 존재론으로서의 리기론理氣論이다. 리理와 기氣의 관계에 대한 주자학적 이해의 기본적 개념은 '불상잡不相雜'과 '불상리不相離'이다. 리理는 현상의 차원에서 볼 때 모든 사물과 현상의 존재의 원리와 당체로서 함께 있다는 점에서 '불상리'로 표현되며, 그러한 현상적 차원의 원인과 근거를 소급해 들어가 보면 기氣가 있기 이전에 그 원리인 리理가 있다는 점에서 '불상잡'으로 표현된다.

四起, 異言滿國."

특히 현상적 차원의 심성론과 수양론의 차원으로 오게 되면 양자의 관계에 대한 이러한 이해는 흔히 혼륜渾論과 분개分開로 표현된다. 사단칠정 논의로 드러난 리기 관계에 대한 이해에 있어서, 혼륜적 관점은 현실적으로 리기는 둘로 나눌 수 없음을 강조하고, 분개는 그럼에도 불구하고 본원적으로 리는 리이고 기는 기로 나눌 수 있음을 강조한다. 분개가 '불상잡과 마찬가지로 기에 대한 리의 가치우월성을 강조하려는 입장인 반면, 혼륜은 리의 가치우월성을 인정하면서도 리가 존재하는 현실적 조건(즉 리는 기와 함께 존재한다는)을 수긍하는 관점이다.

이러한 리기 관계에 대해 상대적으로 '불상잡'과 '분개'의 측면을 강조하는 주리론主理論에서는 인간의 본성과 그에 근거한 발현에 근거한 자아의 완성과 그러한 자아의 외재적 실현인 사회적 실천에 있어서 의리와 이익, 공公과 사私, 군자와 소인, 정正과 사邪, 정통과 이단 등 현실의 대립적 가치에 대해 비타협적이고 선명한 실천성을 드러내기 마련이다. 반면에 '불상리'와 '혼륜'의 측면을 강조해 리가 기와 함께 있다는 현실적 존재조건을 상대적으로 중시하는 주기론主氣論의 경우 현실의 모순에 대해 상대적으로 유연하고 타협적 태도를 보이게 된다. 따라서 주기론의 율곡학파와 달리 주리론의 퇴계학파에서는 본성의 순선함과 그에 기초한 유학적 가치와 규범에 대한 절대적 가치에 대한 신념을 바탕으로 현실의 모순에 대해 상대적으로 비판적 태도와 비타협적 실천의 태도를 보인다.

그런데 이러한 리기론이 심성론 특히, 조선 중후기 논변의 중심에 선 사단칠정에 관한 퇴계 이황의 이해에서는 절충되는 경향으로 나타난다. 퇴계 이황이 추만 정지운의 「천명도天命圖」에 대해 최종적으로 수정한 사칠四七 관계에 대한 규정은 "사단은 리가 발하여 기가 그것을 따른 것이고, 칠정은 기가 발함에 리가 그것에 올라 탄 것이다"라는 명제이다. 이는 리와 기의 독자적 작용성을 인정한 토대 위에서 '수승隨乘'의 논리를 통해 리와 기가 각기 능동적 작용성을 지니고 가치론적으로 구분되면서도 상호 따르고 올라타는 의존적 관계에 있음을 강조했다.5) 물론 이황은 여기서 혼륜을 통해 리기가 상호 의존적 관계에 있음을 말하지만, 그럼에도 여기서도 리의 가치적 우월성에 관한 입장은 그대로 유지되고 있다. '수승隨乘'이라는 표현에서 알 수 있듯, 기는 어디까지는 리를 따르고 리가 타는 것이라는 점에서 리의 주재성과 주도성 그리고 우월성은 인정되고 있는 것이다.

퇴계 이황이 사칠론에서 리와 기의 관계에 대해 분개分開와 혼륜渾淪의 두 측면을 모두 수용한 것은 "리의 절대성을 내세운 도덕의 지나친 중시가 초래하는 비현실성과 기의 작용성만을 앞세운 인욕의 중시로 야기되는 도덕의 경시풍조를 동시에 경계하기 위한 것이다."6) 또한 이는 현실의 조건과 상황을 고려하는 바탕 위에서 도덕적 주체의 능동적 실천성을 요구하는 사유의 표현이기도 하다. 퇴계 이황의 외유내강의 성품이나7) 출처出處에 있어서 지나치게 염결한 태도로 현실을 외면하지 않고

---

5) 『退溪集』, 권41, 「雜著 · 天命圖說後敍附圖」.
6) 설석규, 「정재학파의 위정척사론의 대두와 성격」, 『국학연구』 4집(한국국학진흥원, 2004), 92쪽.
7) 鄭惟一은 퇴계의 성품에 대해 "너그럽되 절제가 있었고, 조화가 있고 휩쓸리지 않으며 엄하지만 사납지 않았다"고 설명했다.(鄭惟一, 『文峯集』, 권4, 「雜著 · 退溪先生言行通述」)

주어진 조건 중에서 벼슬에 나아가 이상을 실현하기도 하고 그것이 벽에 부딪치면 다시 은거해 내면의 자아의 수양에 몰두하는 태도는 그러한 입장과 상응하는 것이다. 이는 동시대 율곡 이이나 남명 조식의 양단적 출처관과 대비되는 특징이기도 하다.

서산학단의 이론과 실천은 이러한 퇴계학파의 사상적 특징을 계승한 정재 류치명의 사상에서 출발한다. 정재 류치명은 종증조부인 동암 류장원을 통해 퇴계학을 가학으로 계승하는 한편, 손재 남한조에게 배움으로써 외증조부인 대산 이상정의 학통을 전수받아 퇴계학의 적전嫡傳으로 자리매김하게 된다.

류치명은 리理의 작용성을 인정하고, 리기理氣의 상하주종 관계에 대한 정의, 사단칠정설 등에서 퇴계학파의 설을 계승한다. 우선 그는 본연지성本然之性과 기질지성氣質之性이 혼륜의 상태에 있음을 들어 리기가 성性에서 하나임을 강조하면서, 정情에 있어서는 사단과 칠정이 각기 리발과 기발로 나누어지는 분개의 관계에 있음을 강조한다.[8] 그런데 류치명은 리기의 분개에 관한 주장이 극단적 분대分對로 이해되는 것을 경계하여, 분개를 척발剔拔과 구분해 불가분의 관계로 설명하고 있다.[9] 즉 리기를 분개로 이해하는 것은 혼륜의 상태에 있는 리를 드러내려는 것임을

---

8) 『定齋集』, 권18, 「雜著·讀書瑣」, "性中只有箇仁義禮智, 而更無喜怒哀樂之名, 則性之一而不二, 可知也. 情則旣有四端, 又有七情, 則情之所發不一, 可知也. 此其性一而情二, 亦可見也."

9) 같은 책, 권4, 「書·答李忠立」, "剔拔與分開, 相似而實不同. 剔拔說者, 就理氣相成之中, 而挑出其理之謂也. 分開說者, 就四七互發之處, 而劈作兩片之謂也. 以理發氣發, 而遂以爲二性, 以剔拔而遂以爲分開, 轉輾成就, 依微執定, 無乃非義理之正."

말한 것이며, 이는 천리이자 인仁이라는 본성으로 부여된 리의 존재를 강조하고, 이를 통해 기에 의한 사욕의 가림작용을 제거해 인仁의 본성을 회복해야 함을 강조한 것이다.

따라서 그의 향후 현실 대응에서 나타나는 위정척사의 태도는 "극단적인 이분법적 분대론에 입각한 사邪의 물리적 소멸을 지향하는 것으로 설명될 수 있는 것이 아니라, 확고한 가치분별의 안목을 전제로 정正의 보호를 위한 내부적 자강"10)을 추구하려는 것이다. 그리고 이러한 그의 사유는 리기의 분대를 전제로 한 수승론에 토대를 두고 현실 인식에 있어 확고한 정사正邪의 분별을 전제하면서도 현실적 적용에는 시대적 상황변화의 조건을 고려하는 탄력적 측면이 두드러진다. 이는 퇴계 이황의 사칠론과 대산 이상정 학문의 영향이라고 할 수 있다. 그런 점에서 정재 류치명은 극단적 이분법적 정사正邪의 분별과 배타적 부정보다는 시대적 상황에 대한 탄력적 다양한 대응의 가능성을 열어 놓고 있다. 이는 그의 제자 서산 김흥락과 그의 문도들이 유교적 가치에 대한 신념을 토대로 당시의 현실에 대한 대응에서 여타 학파보다 다양한 선택으로 나아가게 하는 요인이기도 했다.

김흥락은 19세이던 1845년 4월 류치명에게 집지執贄했다. 그때까지 그의 학문 수학 이력을 보면 5세에 처음으로 글자를 배우고 7세에 제종숙인 유계西溪 김진룡金鎭龍(1787~1868)에게서 수학했으며 소학을 배웠고, 13세에는 자형 세산洗山 류지호柳止鎬(1825~1904)에게 수학하고, 16세에는 『논

---

10) 설석규, 「정재학파의 위정척사론의 대두와 성격」, 『국학연구』 4집(한국국학진흥원, 2004), 107쪽.

어』를 읽었다. 17세가 되던 초하룻날에는 가묘에 배알 후 종일 정좌해 옛 성현의 격언을 초록하여 『제훈집설요람諸訓集說要覽』을 만들고, 따로 정자·주자·퇴계 세 사람의 경敬에 관해 언급한 조목을 초록해 신을 살피고 반성하는 자료로 삼았다. 여기서 주목할 것은 "사람은 뜻을 세우는 것에서 귀하다고 할 수 있는데 뜻이 굳지 않으면 반드시 게을러진다. 이미 선을 향하는 마음이 있다면 이 마음으로 하여금 풀려 해이하지 못하게 해야 한다"고 하면서 마음의 방일을 막기 위한 방법으로 경敬을 강조하고, 시를 지어 "성현의 천 마디 말에 경敬자만큼 중요한 것이 없는데, 주자의 확실한 표적 오직 조행에 있구나"(聖賢千言莫敬要, 紫陽端的有惟操)라고 했으며, 자경문自警文에서는 "경敬은 한 마음의 주재이니 진실로 경敬에 거할 수 있어서 이로써 함양한다면 모든 일에 기강紀綱이 있을 것이며 밝은 천명이 빛날 것이다"라고 한 점이다.[11] 이는 그가 평생 학문과 실천의 중심에 두었던 경敬에 관한 생각이 이미 이 시기에 구체화되었음을 보여 준다.

이해 11월과 12월에는 각각 『중용』과 『시전詩傳』을 읽었다. 18세 초하룻날 경재잠敬齋箴과 숙흥야매잠夙興夜寐箴 두 그림을 벽 위에 그려 두고 자성과 검속에 경敬을 주로 할 것을 다짐했고,[12] 겨울에는 『대학』과 『대

---

11) 『西山集』, 附錄, 「行狀」.
12) 양 도는 퇴계의 『성학십도』에 제9도와 제10도에 들어 있는 것으로, 그 요지는 主一無適의 敬으로 마음상태를 유지해 일상의 動靜 간 언제든 자신을 검속함으로써 나태해진 마음에 사욕이 스며듦을 막는 마음 다짐과 몸 가눔 공부의 요체이다. 서산의 경에 대한 관심은 그가 집지한 이후 21세에 정재에게 보낸 편지를 통한 물음에서도 그대로 지속됨을 볼 수 있다.

산집』을 읽었다. 이처럼 그는 정주와 퇴계로 이어지는 경 중시의 수양공
부를 익히고 이를 대산 이상정의 언급을 통해 확인하는 계기를 마련함으
로써, 경 중시의 학문과 실천이라는 주된 방향을 설정했다. 그리고 김홍
락은 이러한 이해의 토대 위에서 이듬해 아우 김승락金承洛과 함께 정재
류치명에게 나아가 집지함으로써 퇴계 이래 면면히 이어져 대산 이상정
- 정재 류치명으로 내려온 학맥의 전수에 본격적으로 참여하게 된다.13)

류치명의 문하에 들어간 이후 계속된 그의 학문 이력을 연보 및 문집
의 기록을 중심으로 살펴봄으로써 그의 학문의 성숙 과정을 살펴보자.
김홍락이 28세가 되던 1854년은 그 자신의 학문방법론을 천명한 시기로
서 주목할 필요가 있다. 그 내용은 그해 3월에 지은 「입학오도入學五圖」
속에서 찾아볼 수 있다. 「입학오도」는 입지立志 · 거경居敬 · 궁리窮理 · 역
행力行과 총도總圖 등 5가지 그림과 『주자어류朱子語類』 중의 해당 항목과
관련된 주자의 설명을 인용하는 형식으로 구성되어 있다.

우선 그는 학문의 출발인 '입지立志'에 있어서 가장 중요한 판단 기준
은 의義를 추구하는 위기爲己와 이利를 추구하는 위인爲人 사이에서 결단
해 위기爲己를 택하는 것임을 강조한다.

지금 또 의義와 이利를 분별하고 스스로를 돌아보아야 한다. 지금 남이
알아주기를 바라는가 아니면 스스로 자신을 위하려 하는가, 이것이 바로
생사의 갈림길이다. 사람의 한마디 말, 한 가지 행동, 한 번의 걸음, 한
번의 달림 속에 각각 의義가 되고 이利가 되는 것이 있다. 이것이 의義이

---

13) 『西山集』, 附錄, 「年譜」.

면 저것은 이利인 것이다. 여기에서 사람은 다만 발을 굳건히 디뎌 나아
가기만 해야지 달리 잴 것이 없다.[14]

위인의 공부는 돈과 명예 혹은 세상 사람들의 좋은 평판 등 이익을
추구하는 것이고, 위기의 공부는 자신의 내면에 부여된 선한 본성이라는
인격완성의 계기를 확인하고 그것을 실현하기 위해 추구하는 것이다. 성
리학은 곧 사람의 마땅한 도리를 추구하는 도학道學이며 그것은 위기지
학爲己之學임을 표방한다. 그는 「논어차의論語箚疑」의 '군자유장君子儒章'장
에 관한 풀이에서도 "사욕 때문에 공공을 저 버리고 자기의 편의를 따르
는 것이 이利이고 이치를 따르고 사욕을 잊어 다른 사람과 함께하는 것
이 의義이다. 의리에 뜻을 두면 크고 멀리 가며, 이익에 뜻을 두면 작고
가까워진다"[15]며 의義와 이利에 대한 분별을 전제로 의리를 따를 것을
말하고 있다.

일단 의를 택했으면 어떤 장애가 있더라도 자신에게 본성으로 주어
진 가능성에 대한 믿음과 그것을 실현할 수 있다는 자신감을 가지고 이
익의 유혹이나 불의와의 타협을 강요하는 위협에 굴하지 않고 그것을
관철해 나아가야 함을 역시 주자의 말을 인용하며 강조했는데, 그 과감
한 실천을 가능하게 하는 관건이 바로 입지立志의 견고함이다.

반드시 용맹하고 과감하게 결단하고, 해야 할 일을 바로 하고, 안배하지

---

14) 『朱子語類』, 권119.
15) 『西山集』, 권13, 「雜著·論語箚疑」.

말고, 기다리지 말고, 남을 의지하지 말고, 서적이나 언어에 의지하지 말고 단지 자기 스스로 점검해야 한다.16)

'거경도居敬圖'에서 그는 공부에 있어서 차지하는 경의 중요성을 강조해 "함양涵養·치지致知·역행力行 세 가지는 본래 선후先後가 있을 수 없지만, (실제 공부에서는) 선후가 없을 수도 없으니 반드시 함양을 먼저 해야 한다"거나 "여러분은 참으로 모두 학문에 뜻을 두고 있지만 지경持敬 공부가 매우 부족하다. 만약 이것을 알지 못한다면 무엇으로 학문에 나가는 근본으로 삼겠는가?"라는 주자의 말을 인용하면서 지知를 확충하는 토대인 경敬의 중요성에 대해 이야기했다. 그는 경을 주희와 장식의 말을 인용해 동정動靜과 내외內外에 걸쳐서 언제나 자신의 마음을 항상 깨어 있는 상태(惺惺)로 유지하는 것으로 이해하고 있다.17) 이를 통해 그의 학문의 요체가 경에 있음을 알 수 있는데, 이는 "학문하는 데에는 효성과 공경을 주된 근본으로 하고 거경居敬을 중요한 표식으로 삼았다"는 향산 이만도의 묘갈문에서도 확인할 수 있다.

'궁리도窮理圖'에서는 사사물물事事物物에는 리가 체현되어 있으므로, 그러한 사물 상에 나아가(格物) 이치를 이해해야 함을 말했다. 그는 궁리란 다른 것이 아니라 "신하의 충성은 신하가 본래 마땅히 충성을 해야 함이고, 자식의 효도는 자식이 본래 마땅히 효도를 해야 함"과 같이 일상의 관계 속에서 당연한 이치를 구하는 것으로 이해한다. 또한 그러한

---

16) 『朱子語類』, 권120.
17) 『西山集』, 권13, 「雜著·入學五圖」.

이치를 이해함에 있어서는 이치의 표리와 본말에 대해 철저하고 남김없이 이해해 이치와 마음이 온전히 하나가 되게 하는 것이 중요함을 강조한다. 그가 이처럼 이치에 대한 철저한 이해를 강조하는 것은 그것이 바로 어떤 것에 의해서도 동요되지 않은 견고한 실천의 토대가 되기 때문이다.

> 도리를 참으로 알아내고자 하면 반드시 표리表裏와 수말首末을 완전히 꿰뚫어 미진한 점이 없이 참으로 이와 같음을 알아서 결단코 옮기거나 바꾸지 않아야 되며, 단지 한 점이나 반점만 보고 옳다고 여겨서는 안 된다.…… 선善의 경우 참으로 이것이 선이라는 것을 알아야 결단코 반드시 선을 하고, 악의 경우 참으로 이것이 악이라는 것을 알아야 결단코 반드시 악을 하지 않는다. 성현의 말씀은 반드시 참으로 완전하게 꿰뚫어 보아서 성현의 가슴 속에서 한 자씩 꿰뚫고 가듯이 해야 하며, 혹 가볍든 혹 무겁든 옮기거나 바꿀 수 없어야 비로소 이치를 꿰뚫어 보아 마음이 이치와 하나가 된다.[18]

그는 39세이던 1865년 황재영黃在英에게 답한 편지에서 학문 방법으로 격물궁리만을 언급하고 거경居敬을 언급하지 않은 데 대해 완곡하게 비판하면서 양자의 병행의 필요성을 이야기했다. 즉, 하늘에서 근원한 이치가 마음에 체현되고 일용의 사물 간에 드러나 있음을 말하면서, 거경은 공경봉지恭敬奉持를 통해 마음의 이치를 보존하는 것이고 궁리는 학문사변學問思辨을 통해 사물에 체현된 이치를 남김없이 파악하는 것으로 마

---

18) 『朱子語類』, 권117.

치 수레의 두 바퀴와 새의 양 날개와 같아서 어느 하나도 빠뜨려서는 안 된다고 했다.19)

'역행도力行圖'에서는 "세속의 학문이 성현의 학문과 같지 않은 것을 어렵지 않게 볼 수 있다. 성현은 바로 참되게 공부한다. '마음을 바르게 한다'(正心)고 말했으면 바로 마음을 바르게 하려 하고, '뜻을 성실하게 한다'(誠意)고 말했으면 뜻을 성실하게 하려 한다. 몸을 닦고(修身) 집안을 가지런하게 하는 것(齊家)이 모두 빈말이 아니다. 요즘 배우는 이들은 정심正心을 말할 경우 다만 정심이란 말을 가지고 한 식경 읊조리기만 하고, 성의誠意를 말할 경우 또 성의란 말을 가지고 한 식경 읊조리기만 한다. 수신修身을 말했으면 또 성현이 수없이 수신했던 것을 가지고 읊조릴 뿐이다"20)라는 주자의 말을 인용하며 참된 학문이란 말과 행위의 일치임을 강조한다. 마지막으로 그는 이러한 이해를 바탕으로 다음과 같은 결론에 이른다.

> 홍락興洛이 『주자어류』의 「훈문인訓門人」 여러 편을 본 적이 있는데, 사람에게 학문하는 방도를 가리킴이 진실로 한 가지 단초가 아니었다. 그러나 큰 항목을 뽑는다면 입지立志·거경居敬·궁리窮理·역행力行 네 가지일 뿐이다. 반드시 입지한 뒤에야 마음에 표준으로 삼을 것이 있어서 나갈

---

19) 『西山集』, 권6, 「書·答黃應護」, "道之原, 出於天, 而其體具於心, 而見於日用事物之間. 語其大則洋洋乎峻極于天, 語其小則優優乎三千三百. 居敬者, 所以恭敬奉持而存其大者也. 窮理者, 所以學問思辨而盡其小者也. 天理本自如此, 聖人之敎, 亦因而品節之耳. 吾人生乎數千載之下, 不學則已, 學則豈舍此而他求哉. 且念此事, 兩下工夫, 不可偏廢, 誠如車輪鳥翼, 而所患人氣質不齊, 各以所便者爲學."

20) 『朱子語類』, 권8.

방향이 바르게 될 것이다. 거경은 뜻을 유지하여 궁리를 하는 근본이 된다. 궁리는 선을 밝혀 덕에 나가는 바탕이 된다. 역행은 자신을 돌아보고 밝힌 이치를 실천하는 것이다.…… 진실로 이 네 가지의 순서에 따라 실제로 힘을 쓴다면 참으로 이미 문로가 어긋나지 않을 것이다. 또 반드시 『논어』・『맹자』・『중용』・『대학』과 아래로 낙민洛閩의 책에 이르기까지 더욱 부류를 미루어 확충하면, 아마 규모가 자세히 갖추어지고 지행知行이 모두 완전해져서 도에 나가는 데 가까울 것이다.[21]

　이상의 언급을 통해 그가 '입지立志・거경居敬・궁리窮理・역행力行'을 주자 학문 방법의 요체로 받아들이고 사서四書와 정주의 저술에 그러한 공부를 미루어 적용하는 것을 자신의 학문 방법으로 설정했음을 알 수 있다. 이후 그의 학문 역정은 이 시기 확립천명한 방법론을 근간으로 해 깊이와 넓이를 더해 가는 과정이었다.[22] 이를 주요한 내용을 중심으로 구성해 보면 다음과 같다.

　1855년 29세에는 스승인 류치명이 호남의 지도로 유배감에 따라 스승을 그리워하는 마음에 김건수金健壽・이돈우李敦禹・류치엄柳致儼・권연하權璉夏 등의 동료들과 봉정사에서 강회를 열어 『근사록』을 공부했고 사서와 『심경』, 『근사록』 및 주자와 퇴계 저서의 내용을 채록해 『독서첨록

---

21) 『西山集』, 권13, 「雜著・入學五圖」.
22) 제자 권상익은 행장에서 「입학오도」에 관해 "실로 선생이 일생 동안 공부한 요령이었다"고 평가했고, 송준필은 壙誌에서 "致知와 力行을 아울러 지켜야 할 공부로 삼았다. 이른바 敬이라는 것은 끝까지 드러나고 은미하게 관통하는 것으로, 처음부터 끝까지 어느 때나 어느 것에나 있으므로 거기에 힘을 쓰지 않아도 마침내 이로써 덕이 이루어지고 이름이 세워지며 공이 온전해지고 사업이 커지는 것이었다. 이것은 우리 大山선생이 陶山의 적전을 계승하고 定齋선생이 선생께 전해 준 것이다"라고 평했다.

讀書籖錄』을 편찬했다. 1857년 31세에는 스승인 류치명과 『대학혹문』에 대해 토론하면서 심心은 리기理氣의 합合이어서 허정虛靜하기도 하고 위태롭고 움직이는 것이기도 하여 잡으면 간직되고 놓치면 없어지기도 하는 것이므로 경敬으로써 그것을 지키고 보존하면 비로소 일신과 만 가지 변화의 주재가 되게 할 수 있음을 말했다.

32세인 1858년에는 스승과의 '구인求仁'의 방법에 관한 문답을 통해 "경으로써 스스로를 지켜 용서로써 남에게 미치면 사욕이 용납될 곳이 없어서 마음의 덕이 온전해진다"[23]는 주자의 말을 인용해 인의 실천에 있어서도 경敬이 중요하다는 의견을 개진한다. 40세인 1866년에는 「정자격치설도程子格致說圖」·「주자격치설도朱子格致說圖」 그리고 「경재잠집설도敬齋箴集說圖」를 완성했는데, 이로써 28세에 천명한 입지立志에서 출발해 역행力行에 이르는 과정에서의 거경과 궁리의 두 방법에 관한 공부방법론을 온전히 갖추게 되었다. 45세인 1871년에는 스승의 문집을 교정했고, 47세이던 1873년에는 서원훼철 이후 학문하는 기풍이 쇠퇴해 가는 상황을 안타까워하던 이돈우李敦禹, 권연하權璉夏 두 사람의 요청으로 성곡재사에서 열린 강회에서 『소학』을 강했다. 1876년 50세 되던 해에는 임천서원臨川書院에서 『대학』을 강했고, 봉정사에서 『근사록』을 강했는데, 권상익은 행장에서 "이로부터 강석講席이나 독약讀約 등의 일이 있을 때 선생이 가지 않으면 행할 수 없었다"고 했으니, 그의 학문적 명성과 지역내 유림에서의 영향력이 확고해졌음을 알 수 있다. 1879년 53세에는 이

---

23) 『論語』「顏淵」 편에 대한 '仲弓問仁'장에 대한 주자의 주석.("敬以持己, 恕以及物, 則私意無所容而心德全矣.")

돈우의 요청으로 고산서원 강회에서 『대산집』을 강했고 이듬해 겨울에는 봉정사에서 제자들과 『근사록』을 강했다.

63세인 1889년에는 류도원柳道源(1721~1791)이 편찬한 『퇴계선생문집고증』을 교정했고, 이듬해에는 학암고택鶴巖古宅에서 『중용』을 강했고, 65세인 1891년에는 호계서원에서 「옥산강의玉山講義」를 강했으며, 67세인 1893년에는 스승인 류치명의 행장을 완성했다. 69세이던 1895년 명성황후 시해의 변고가 있어 의병 창의를 주도해 활동했지만 의병을 파하라는 임금의 명을 받고 물러났으며, 72세이던 1898년에는 『퇴계서절요』 간행을 의논하는 고산서원 모임에 참여했다.

이상의 연보를 통해 간략히 살펴본 대로, 김홍락 학문의 중심에 있는 것은 '경敬'이다. 제자인 권상익은 스승의 행장에서 "성현의 격언을 초록하고 정자·주자·퇴계 세 선생이 敬에 대해 하신 말씀을 추가하여 항상 눈으로 보며 마음으로 반성하였으며, 이에 따라 시를 지었다. '성현의 천 마디 말씀 요점은 모두 敬이니 자양紫陽의 옳은 목표 남긴 절조 있구나'(聖賢千言莫敬要, 紫陽端的有遺調)라고 했고, 또 "敬은 한 마음의 주재이니 진실로 敬에 거할 수 있어서 이로써 함양한다면 모든 일에 기강紀綱이 있을 것이며 밝은 천명이 빛날 것이다"라고 했다.24) 이만도 역시 묘갈명에서 "선생은 영준하고 순수한 자질이 빼어났으며 간곡하고 독실한 뜻을 유지하였다. 학문하는 데에는 효성과 공경을 주된 근본으로 하고 거경居敬을 중요한 표식으로 삼았다"고 했다.25)

---

24) 『西山集』, 부록, 권2, 「行狀」.
25) 같은 책, 부록, 권2, 「墓碣銘」.

김홍락은 경이란 일상의 동정 간에 관철되어야 하는 공부임을 강조
했다. 즉, 경은 내면의 수양에 있어서는 항상 깨어 있는 상태를 유지함으
로써 마음이 방일하여 외물을 좇아 나아가는 것을 막고 부지불식간에
외물에 의해 사욕이 마음을 가리는 것을 막는 것이다. 이는 내면의 각성
상태를 유지함으로써 이후 일상의 행위에 있어서 외적 사태에 대한 올바
른 대응을 가능하게 하는 토대이다. 즉, 일상의 행위와 실천에 있어서
상황에 대해 늘 깨어 있는 태도로 외부 사물과 사태의 정사正邪, 진가眞假,
의리義利 여부를 판단하고 마땅한 대처를 가능하게 하는 것이다.

김홍락의 이러한 '경敬'사상은 당시 그가 목도한 조선 사회의 문제에
대한 대응과 관련해 내면적 수양검속과 더불어 밖을 향한 실천으로 나타
나기 마련이다. 당시 그가 목도한 조선 사회의 현실은 국운이 어려움에
처해 근본이 흔들리고 법도가 해이해지고, 관리들은 토색질에 여념이 없
어 백성의 원망은 높아 가고, 밖으로는 일본의 침략의 외환에 직면해 있
었다.[26] 이러한 현실에 대해 그는 위정척사의 입장에서 서구 문물을 욕
망을 부추기는 대상으로 간주하고 그것을 배척했으며, 일본의 침략에 의
해 초래된 국가와 사회의 위기에 직면해서는 일신의 안위를 돌보지 않고
의義를 실천하는 행동에 나서게 된다.

이단의 학문이 유학을 어지럽힘을 부끄러워하여 【당시에 金弘集이 일본에서
돌아와 『私擬朝鮮策略』을 나누어 주어 가르치는 것을 의논하였다.】 고을의 유생
들을 봉정사鳳停寺에 불러 모아서 가르치며 "지금 다른 나라의 삿된 가르

---

26) 같은 책, 권2, 「疏・辭寧海府使疏」.

침이 우리의 참된 가르침을 침범하여 능멸하니 더욱이나 마땅히 내면의
수양과 실질적인 공부에 힘을 기울여야 합니다. 여러분들은 각자 노력하
고 노력하여 제 구구한 바람에 부응하여 주십시오"라고 하고서『근사록』
「위학爲學」을 한 번 통독하고 각 장마다 추론하여 선비들로 하여금 환하
게 깨우쳐 의심이 없도록 하였으니, 부자께서 위정척사衛正斥邪의 공부가
늠름하여 범할 수 없는 것이 이와 같았다.[27]

걱정하던 대로 1895년 을미년 8월에 일본에 의한 명성황후 시해에
이은 단발령이 내려오자, 김흥락은 병중에도 불구하고 의병기의에 주도
적으로 참여했다. 그러나 얼마 후 군사를 파하라는 임금의 명령이 내려
옴에 따라 문을 닫고 침잠해 다시 성현의 가르침에 따라 학문과 내면의
수양에 전념하게 된다. 이후 1899년 10월 병이 위중해진 김흥락은 나라
의 문호를 보존하고 지켜 가는 방법을 묻는 제자들에게『주역』기제괘旣
濟卦 육사六四의 효사爻辭를 인용하여 "물이 새는 곳에 걸레를 두어 종일을
경계하는 것은 뱃사람이 걸레로 새는 배를 막는다는 것으로『주역周易』
에 나온다. 이것을 예비하고 근심을 막는 도로 삼아야 한다"고 함으로써
나라의 문호를 개방하는 데 반대하는 입장을 분명히 한다.[28] 그의 생각
은 영해부사 사직소의 다음과 같은 방책의 제시에 잘 나타나 있다.

전하께서는 지난날의 잘못을 깊이 경계하고, 널리 구제하는 도리를 잘
생각하십시오. 권위와 기강을 바로잡고 요행을 바라는 문을 막아, 인재를

---

27)『西山先生言行總錄』, 「西山先生敍述」.
28)『西山集』, 부록, 권1, 「年譜」.

모으고 선발하여 어진 이에게 직책을 맡기고 재주가 능한 자에게 벼슬을
주십시오. 부역을 가볍게 하고 세금을 줄여 백성의 숨은 고통을 구휼하
고, 유학을 높이고 도를 존중하여 방향을 바로잡으십시오. 검소함을 숭상
하고 비용을 줄이며, 마음을 수양하고 바깥의 욕망을 막아 진원眞元을 점
차 회복하고 외물의 사특함을 스스로 떨어내십시오. 전하께서는 또한 자
주 경연經筵에 나아가야 마땅합니다. 유학儒學 하는 신하를 맞아들여 근
원을 단정하고 맑게 하는 데 더욱 뜻을 두신다면, 오늘의 일이 오히려
가망이 있을 것입니다.[29]

"마음을 수양하고 바깥의 욕망을 막아 진원眞元을 점차 회복하고 외
물의 사특함을 스스로 떨어내…… 근원을 단정하고 맑게 하는 데 더욱
뜻을 두신다면, 오늘의 일이 오히려 가망이 있을 것"이라는 것은 김홍락
을 포함해 당시 위정척사의 입장에 선 유학자들이 공통적으로 제시한
내수외양內修外攘의 대응책이었다. 그리고 이는 수많은 그의 문도들이 그
를 따라 위정척사의 입장에 서서 일제에 대한 의병투쟁에 나서게 하는
배경이 되기도 했다.

3. 『보인계첩』 속 김홍락 문인들

김홍락에게 배운 제자들의 명단은 『보인계첩輔仁稧帖』에 전해 온다.
신미년(1931)에 기록한 것으로 서산에게 집지한 제자들을 '성명/자字와 생

---

29) 『西山集』, 권2, 「疏 · 辭寧海府使疏」.

년/본관과 거주지' 형식으로 정리한 것이다. 이 명록이 '보인계첩'으로 명명된 것은 스승의 뜻을 따른 것으로 보인다.[30] 『보인계첩』에 기재된 문인은 총 705명인데, 이를 토대로 제자들의 개략적인 현황을 살펴보자.

우선, 제자들의 본관별 분포를 살펴보면 본관이 기재되어 있지 않은 2명을 제외한 703명의 인물들은 총 110개 성씨로 분포되어 있는데, 그 가운데 의성김씨가 133인으로 가장 많고, 그 다음이 안동권씨로 70인, 진성이씨가 51인, 전주류씨가 37인 순으로 나타난다. 그 외 고성이씨, 반남박씨, 인동장씨, 영양남씨, 예안(선성)김씨, 안동장씨, 안동김씨, 무안박씨, 야성손씨, 달성서씨, 전주최씨, 순흥안씨, 광산김씨 등이 다수를 차지하고 있으며, 한양조씨, 영천이씨, 청주정씨, 원주변씨 등도 적지 않은 수의 문인들이 분포되어 있다.[31] 『보인계첩』에 오른 성씨 중 풍산류씨 인물로는 류도연柳道淵(1856~1926)이 유일한데, 『대산실기』 간행으로 최고조에 이르렀던 서애계와 학봉계 양 문호 간 갈등이 초래한 당시 상황을 반영한 것이다.[32]

---

30) 서산은 일찍이 "오륜 가운데 朋友有信이 있는 것은 오행 가운데 土가 있는 것과 같다. 오륜이 유지되는 까닭은 스승으로 삼을 만한 훌륭한 벗이 있기 때문이다"라고 하면서, 세상이 쇠퇴하여 붕우 간의 도가 사라지고 '輔仁'의 의리가 없어짐으로써 인륜이 민멸되어 가는 것을 한탄했다. 평소 제자들이 모임을 결성할 뜻을 거듭 피력했지만 만류하다 부득이 허락하고 '輔仁契'라고 명명하게 했다고 한다.(『西山先生言行總錄』, 「西山先生敍述」)

31) 윤동원, 「보인계첩을 통해 본 서산 김홍락 문인들의 경향」, 『디지털도서관』 64호 (2011), 78쪽.

32) 서산 김홍락은 이러한 갈등 중에서도 병파의 수장인 하회의 柳道性(1823~1906)과 교유하며 1882년에는 두 사람이 함께 양파의 유생들을 모아 향음주례를 열고 병파에서 김홍락을 병산서원 원장으로 추대하는 등 화해의 시도도 있었지만, 양측의 화해는 일시적인 것으로 끝나고 말았다. 따라서 『보인계첩』의 이러한 사실은 당시의 병호 간 갈등의 엄연한 현실을 보여 주는 것이기도 하다.

성씨별 분포에서 보는 것처럼 김흥락의 문도들은 안동을 중심으로 하는 경북 북부지역 문중 출신들이 다수를 차지하고, 이들이 속한 성씨에는 이 지역 향촌사회와 유림에서 주도적인 위치에 있었던 명문들이 망라되어 있다. 그 가운데서도 의성김씨, 안동권씨, 진성이씨, 전주류씨 등이 다수를 차지는 것은 일족의 성원으로서 가학을 계승하고자 했던 의성김씨는 말할 것도 없고, 여타 성씨의 경우도 세거지가 김흥락이 거주한 금계와 지리적으로 가깝고 혼맥과 학맥을 통해 당시까지 세의를 이어 오던 문중들이었기 때문이다.

이들의 거주지별 분포를 보면 거주지가 명기되지 않은 85명을 제외한 620명 가운데, 안동을 포함한 경북 북부지역이 558명으로 79.1%를 차지하고 있다. 구체적으로 살펴보면 안동의 금계, 도촌, 망천, 명동, 박곡, 법흥, 송파, 수곡, 운곡, 월곡, 임하, 주촌, 지례, 천전, 풍산, 하계 등에 거주한 문인이 많았다. 그 밖의 지역으로는 봉화 거촌, 유곡, 춘양, 해저, 서산 해평, 양양 주곡, 영해 원구, 예천 저곡, 의성 사촌 등에 거주한 문인들도 다수를 차지한다.[33] 특기할 만한 것으로는 퇴계학맥의 영향권인 경북과 경남을 제외하고 강원·경기·충청·호남 등지 출신의 문도들도 20명에 이른다는 점이다.[34] 이들 제자들은 대부분 김흥락이 만년에 이르

---

33) 윤동원, 「보인계첩을 통해 본 서산 김흥락 문인들의 경향」, 『디지털도서관』 64호 (2011), 77쪽.
34) 강원도에서는 거진, 영월, 원주, 횡성에 걸쳐 7명의 문인이 배출되었고, 경기도에서는 맹곡, 여주, 연천, 이천 등에 걸쳐 5명이 문인이 배출되었다. 충청도에서는 천안, 단양, 옥천, 충주에 걸쳐 5명의 문인이 배출되었다. 호남지역에서는 장흥에서 남평문씨 집안의 文圭泰, 文守鎬, 文洪琪 3인이 집지했는데, 모두 장흥군 양촌리 같은 마을 출신이다. 이는 학봉 김성일이 나주목사 재직 시 대곡서원(경현서원)을 건립

러 그의 학문의 명성이 경상도뿐만 아니라 전국적으로 퍼져 나감에 따라 문하에 집지한 인물들로서, 김흥락의 당시 유림에서의 위상을 잘 보여준다.

그 밖에 비록 『보인계첩』에 오르지는 않았지만, 후대에 가서 서산학맥이 타 지역으로의 퍼져 나간 사례도 있다. 전남 장성 출신으로 호남을 대표하는 한학자였던 변시연邊時淵(1922~2006)과 충북 옥천 출신으로 한학계의 태두이자 교육자였던 임창순任昌淳(1914~1999)이 그들이다. 두 사람은 10대 때에 충북 보은의 서당인 관선정觀善亭에 들어가 봉화 출신의 겸산兼山 홍치유洪致裕에게서 한학을 수학하였는데,35) 그가 바로 김흥락의 행장을 지은 문인 권상익의 제자이므로, 변시연과 임창순 두 사람도 역시 서산으로 학맥이 닿아 있다.

김흥락의 문인들 가운데는 그의 학문을 계승해 전통적인 방식으로 침잠해 학문연찬과 강학에 힘을 쏟아 문집을 남긴 인물도 많고, 과거에 올라 사마시와 문과에 급제한 인물들도 적지 않았다. 그러나 시대는 이미 조용히 앉아 학문에 침잠하도록 내버려 두지 않았다. 특히 1895년 일제에 의한 명성황후 시해와 이어서 내려진 단발령은 국가의 존망이 백척간두에 이르고 유교에 기반한 전통문화와 가치를 크게 동요시키는 사건

하고 배향되었기에 학봉이 끼친 여서와 관련이 있는 것일 수 있겠는데, 사실 여부는 추가적인 확인이 필요하다.

35) 관선정은 보은선씨 집안의 宣政薰이 1926년에 설립한 서당으로 인재를 선발해 기숙시키며 학문을 가르쳤던 곳인데, 경북 봉화의 유학자 홍치유를 초빙해 한학을 가르치게 했다. 홍치유는 1895년(고종 32) 명성황후 피살 후 이강년이 영남에서 의병을 일으키자 그의 종사관으로 활약하였고 한일합방 후 보은을 중심으로 항일운동과 계몽운동을 주도했다. 『兼山集』이 전하고 있다.

으로 인식되어 한가하게 독서와 성리설의 탐구에 전념할 수 없게 하였다. 그들이 스승에게 배운 바는, 학문은 말을 위한 것이 아니라 실행을 위한 것이고, 일상의 동정動靜 간에 늘 깨어 있는 의식과 마음상태인 경敬에 의거해 배움을 추구하고 배움은 반드시 실천으로 귀결되어야 한다는 가르침이었다.

그러한 가르침에 훈도된 문인들이 목도한 당시의 현실은 스승의 말대로 '죽고 사는 갈림길'인 의義와 이利 사이에서 의연히 의義를 따르는 실천을 요구했고, 그것은 그의 문도들이 대거 의병투쟁에 참여하는 것으로 나타났다. 특히 그들의 스승인 김흥락은 당시 안동지역의 학통과 혈통의 중심에 자리 잡고 있었기 때문에 문중의 인물은 물론이고 제자들의 참여는 두드러졌다. 김흥락 문도들의 실천은 시대적 상황의 변화에 따라 초기 위정척사의 입장에서 선 의병활동과 이후 3·1만세운동, 교육계몽운동, 파리장서, 망명독립투쟁 등으로 다양하게 나타난다.[36]

다음의 〈표〉에서와 같이 문도들의 독립운동은 국내에서는 3·1운동과 파리장서를 통한 국제사회에 대한 독립청원 등에 참가함으로써 그 존재를 확실하게 드러내 보였다. 안동 3·1운동에서 첫 시위는 3월 13일에 있은 이상동의 단독 시위였고, 18일과 23일에 있은 본격적인 시위의 한 축은 송천의 송기식에 의해 주도되었다. 3·1운동과 함께 유림들의 움직임도 본격화되었는데, 성주의 김창숙金昌淑과 더불어 파리장서를 이

---

36) 한편, 1910년 나라를 잃게 되자 국외로 독립기지를 건설하기 위해 망명하고, 만주로 망명한 인물 가운데 김대락이나 김동삼이 핵심인데, 김흥락의 직계 문도인 김대락의 망명 상황은 그의 일기인 『白下日記』를 통해 생생히 전해진다. 서산이 안동 독립운동의 대부라면, 석주 이상룡은 남만주 독립운동의 대부가 되었다.

끌어 낸 인물이 김흥락의 제자 이중업이다. 문도로서 파리장서에 서명한 인물로는 무실의 류연박과 내앞의 김병식, 순흥의 김동진, 봉화 유곡의 권상원, 성주의 이덕후, 영양의 이돈호, 안동 법흥의 이종기 등이 있다.

『보인계첩』에 오른 문인들 가운데 항일 구국을 위해 이러한 운동에 참여한 인물은 모두 52명이고, 그 가운데 정부로부터 공적을 인정받아 포상 받은 인물은 43명으로 다음과 같다.[37]

<표> 서산 김흥락 문도의 항일활동 포상 현황

성명	훈격	공적 내용	비고
이승희李承熙	건국훈장 대통령장(1977)	파리장서	
김익모金翊模	건국포장(1996)	파리장서	金瀁謨
김호락金浩洛	건국훈장 애국장(1995)	류시연 의진	
김회락金繪洛	건국훈장 애국장(2001)	1896 안동의진	
김윤모金潤模	건국포장(2008)	을미의병, 권세연 의진	
이상희李象羲	건국훈장 독립장(1962)	임시정부 국무령	李相龍
류연박柳淵博	건국포장(1995)	삼일운동 파리장서	
김진의金鎭懿	건국포장(2004)	1896 안동의진	
권제녕權濟寧	건국포장(2002)	1896 안동의진	
안효제安孝濟	건국훈장 애족장(1990)	만주 항일운동	
이규홍李圭洪	건국포장(1995)	이강년 의진 참여·군자금모집	

---

37) 이는 이후 문집, 실기, 관련 일기자료 등을 대상으로 한 진전된 연구에 따라 늘어날 가능성이 많다. 다만, 여기서 제시한 자료는 연구자가 기존의 연구 성과를 바탕으로 관련 자료를 검토해 파악한 현재까지의 현황이다.

성명	훈격	공적 내용	비고
김대락金大洛	건국훈장 애족장(1990)	대한협회 안동지회 · 신흥강습소	
이긍연李兢淵	건국포장(2002)	을미의병	
김병식金秉植	건국훈장 애국장(1995)	협동학교 · 파리장서	
류창식柳昌植	건국포장(1995)	을미의병	
이중업李中業	건국훈장 애족장(1990)	을미의병 · 파리장서	
김좌동金佐東	건국훈장 애족장(1993)	파리장서 · 군자금모집	金世東
노상직盧相稷	건국포장(2003)	파리장서	
이준구李浚久	건국훈장 애국장(1990)	을미의병	
안효준安孝俊	건국훈장 애국장(1991)	광복군	
김동진金東鎭	건국훈장 애국장(1993)	독립의군부 · 파리장서 · 군자금모집	
안재덕安在德	건국포장(1997)	이강년 의진	
이덕후李德厚	건국포장(1995)	파리장서	
이용호李用鎬	건국훈장 애족장(1990)	만세운동	
박우종朴禹鍾	건국훈장 애족장(1990)	경학사 · 군자금모집	朴慶鍾
김상종金象鍾	건국훈장 애족장(1990)	을미의병	
김영모金泳模	건국훈장 애족장(1995)	이강년의진 · 파리장서 · 군자금모집	
권상익權相翊	건국훈장 애족장(1990)	파리장서	
이용희李龍義	건국훈장 애족장(1990)	만세운동	李相東
이봉희李鳳羲	건국훈장 독립장(1990)	신흥무관학교	
송준필宋浚弼	건국훈장 애족장(1990)	파리장서	
김창근金昌根	대통령표창(1992)	2차 유림단사건	
김종식金宗植	건국훈장 대통령장(1962)	협동학교 · 신흥학교 · 통의부 · 정의부	金東三
권상원權相元	건국포장(1995)	파리강화회의 독립청원서	

성명	훈격	공적 내용	비고
김상직金相直	대통령표창(1992)	만세시위	金尙直
이돈호李敦浩	건국포장(1995)	파리장서	
이운호李運鎬	건국포장(2003)	권세연 의진 참여	
김연환金璉煥	건국훈장 애족장(1990)	상해임시정부 군자금 모집	
김용환金龍煥	건국훈장 애족장(1995)	이강년 의진·군자금 조달	
김수욱金壽旭	건국포장(1995)	병신창의	
송기식宋基植	건국훈장 애족장(1990)	삼일만세운동	
조홍기趙鴻基	건국훈장 애국장(1990)	전기의병·경학사·신흥학교	趙萬基
이능학李能學	건국포장(1995)	파리장서	

그 외 포상에 들지 못했지만 구국 및 독립운동 관련 활동에 참여한 문도로는 서산의 조카인 김응식金應植·정필화鄭弼和·김운락金雲洛·김장환金璋煥·김진수金進洙·김홍락金鴻洛·류연갑柳淵甲·안승국安承國·안찬중安燦重[38] 등이 있다.

---

38) 김응식: 김승락의 아들이자 김홍락의 조카로 1896년 안동 전기의병에 참여.
정필화: 1896년 안동 을미의진에 권제녕과 함께 의병장 권세연의 서기로 종사(권제녕, 『義中日記』).
김운락: 의성김씨 김진경의 아들로 안동 금계에 살았는데 충의사에 참여.
김장환: 의성김씨로 1908년 3월 15일 재경 영남 인사들이 창립한 嶠南敎育會의 교육구국운동에 참여.
김진수: 봉화 비진에 살았는데 충의사, 교남교육회 등의 활동에 참여.
김홍락: 의성김씨 권진억의 아들로 1895년 안동의진에 참여.
류연갑: 전주류씨로 협동학교를 통한 교육구국 활동에 참여.
안승국: 순흥안씨로 안동시 가구리에 살았는데, 광복회에 군자금을 지원.
안찬중: 순흥안씨로 안동 가구리에 살았는데, 교남교육회, 동양학교를 통해 교육구국활동에 참여.

4. 김흥락 문인의 사상적 분기

1) 위정척사의 고수

19세기 조선의 개항을 통한 서구문명의 유입과 일본에 의한 침략에 대응해서 나타난 최초 대응의 주류는 위정척사운동이었다. 위정척사운동은 안으로 성리학적 질서를 수호하고 밖으로 서구문명이나 일본의 침탈을 배척하는 양상으로 전개되었다. 위정척사란 도통道統을 중시한 유학에서 유학적 진리를 기준으로 정正과 사邪를 나누어 정학正學을 옹위하고 사학邪學을 배척하려는 이념을 말한다. 이 시기 위정척사운동은 조선시대의 화이론적 세계관이 일본 등의 외부 침략에 직면해 나타난 현실 대응이었다.[39]

김흥락 사후 그의 뜻을 받들어 함께한 제자들은 의병활동을 통해 조선 사회가 직면한 위기 상황에서 유학의 전통적 가치를 수호하고 일본에 의해 흔들리는 체제의 수호를 위한 실천에 나서게 된다. 그것은 기본적으로 위정척사 사고에 근거한 유학적 실천이고 현실 대응이라고 할 수 있다.

김흥락과 그 문인들의 항일투쟁은 당시 다른 지역의 어느 학파들보

---

39) 중국에서 화이론은 중국이라는 지리적 기준과 한족이라는 종족, 유교라는 문화적 기준이 포괄적으로 내포되어 있었다. 18세기 이전까지 조선의 유학자들도 그러한 기준으로 중화와 이적을 구분했지만, 18세기 이후 '명에 의한 중화 회복'이 현실적으로 불가능함을 인식하면서부터 조선이 동아시아에서 유일하게 중화문화를 계승했다는 이른바 '소중화'론을 강조하게 되는데, 19세기 서구와 일본의 침략에 대응한 논리로 '문화적 화이관'을 내세우게 된다.

다 두드러진다. 비록 그의 항일투쟁은 짧은 기간에 그쳤지만, 그가 속한 의성김씨 그리고 혼반으로 연결된 안동지역의 명문가에서 차지하는 종손으로서의 중심적 지위, 정재학파의 적통으로서 당시 유림에서 차지하는 위상 등으로 인해 그가 보여 준 실천은 문중과 문도를 중심으로 한 지역의 유림에 많은 영향을 끼쳤다. 우선, 그의 일족인 의성김씨 출신 중에서는 호계통문의 발의자 가운데 한 사람인 김윤모金潤模, 1차 의진의 김응식金應植, 안동 2차 의진 참여자로는 의병대장 김회락金繪洛, 김도화 의진의 척후장으로 활동한 김진의金鎭懿, 김호락金浩洛, 김용환金龍煥 등이 대표적 인물이다. 1910년 이후 만주로 망명한 문중 출신 인사로는 김종식金宗植(김동삼), 김연환金璉煥이 대표적이다.[40) 한편 파리장서를 통한 독립청원 서명에 참여한 인물로는 김익모金翊模, 내앞의 김병식金秉植 등이 있다.

　김홍락이 작고한 뒤 독립운동은 그의 문중 후예들만이 아니라 제자들의 몫으로 넘어갔다. 중기의병으로 다시 불붙은 문도들의 투쟁은 계몽운동, 만주망명과 독립군기지 건설 등으로 나타나 김홍락의 뜻을 이어가게 된다. 전기의병으로는 류창근, 류연박, 김상종 등이 있고, 협동학교와 대한협회 안동지회를 통한 계몽운동에는 김병식, 김종식, 김대락, 이상룡 등이 참여해 교육과 계몽활동을 통해 근대 민족의식을 심어 주는 데 기여했는데, 이후 이들은 대부분 만주로 망명해 항일투쟁을 계속해 갔

---

40) 김종식은 만주지역 독립운동의 통합체인 통의부에 참여하고 정의부의 참모장을 맡는 등 국권회복운동에 헌신했고, 김연환은 1912년 망명 후 무장투쟁에 필요한 폭탄 제조와 국내외 공급, 임시정부 자금모집 등의 활동을 하다 투옥되어 옥고를 치렀다.

다. 한편 다수의 김흥락 문인들은 국내에서도 3·1운동과 파리장서 독립
청원에 참여했는데, 송기식과 이상동이 만세운동의 핵심 인물로 참여했
고, 이중업, 류연박, 권상원, 송준필 등은 파리장서 서명에 참여했으며,
이승희는 만주와 연해주에서 한흥동 건설에 참여했다.[41]

　　김흥락 문인들의 그러한 현실 대응은 안동지역과 국내외 다른 지역
에서의 활동으로 대별된다. 초기 의병활동에서 계몽운동을 거쳐 3·1운
동에 집중되고, 1910년 국권상실 이후는 만주지역을 중심으로 한 무장투
쟁의 독립운동으로 이어진다. 그 가운데 근대전환기인 김흥락의 말년 그
리고 사후 그의 제자들이 참여해 실천한 1차적 대응인 위정척사운동은
유학적 정통론에 입각해 서양의 학문과 문물을 '이단異端'과 '사邪'로 규정
해 배척하고 유학적 가치를 수호하려는 대응이었다. 그렇게 볼 때 당시
의 위정척사는 주자학 일존주의—尊主義의 전통 속에서 주자와 퇴계의 도
통 계승을 자부했던 이들이 지녔던 정통과 이단에 대한 준엄한 가치분별
의식이 유학 중심의 동아시아 가치와 일본으로 대표되던 서구가치가 충
돌하던 당시 상황에서 드러난 결과이다.

　　『보인계첩』을 통해서 살펴본 독립운동에 헌신한 52명의 문도들은 물
론이고 학문 탐구와 강학에 충실했던 문도들 모두 그 실천의 방법은 달
랐지만 유학의 도와 그에 근거한 체제를 온전히 지키고자 했던 것은 동
일했다. 즉, 그것이 스승의 말씀을 포함한 선현의 가르침에 대한 탐구와

---

41) 이상의 김흥락 문도들의 항일투쟁에 관한 내용은 김희곤의 논문 「서산 김흥락의
의병항쟁」(한국근대사학회, 『한국근대사연구』 15집)의 27~34쪽의 내용을 재인용
한 것임.

강학을 통한 유교적 가치의 수호라는 소극적 방법이든, 현실의 모순에 대응해 의병활동을 후원하거나 직접 참여하는 적극적 방법이든, 그 차이는 있었지만 옳은 것을 지키고 그릇된 것을 배척하려는 대응이라는 점에서는 동일했다.

여기서는 서산 김흥락의 문도들 중에서 석주 이상룡과 해창 송기식의 사례를 중심으로 이들이 전통적 주자학자에서 출발해 시대의 요구에 부응해 의병활동과 3·1운동을 포함한 항일투쟁에 나서고, 국권상실 이후 다시 해외 무장투쟁과 유학의 혁신 등을 통해 현실에 대응한 양상과 그러한 실천의 배경이 된 스승 김흥락의 사상적 영향을 살펴보려고 한다.

우선 김흥락 문도들의 현실 대응을 석주 이상룡의 경우를 통해서 살펴보기로 하자. 이상룡은 의병활동이 실패로 끝나는 1907년까지는 대체로 그의 스승에게 물려받은 대로 유학적 가치에 대한 신념을 토대로 한 현실 인식과 대응을 보여 준다. 그는 일찍이 1886년 과거에 실패한 후 학문에만 전념할 것을 결심하고 성리학 연구에 매진하는데, 이때 그가 관심을 기울였던 주제는 입지, 치지, 거경, 궁리, 역행 등 성리학적 수양과 실천의 문제였다. 이는 그의 스승인 김흥락이 제시한 학문방법론을 그대로 계승한 것이다.

이상룡은 그러한 공부 과정을 거치면서 당시 시대적 혼란상의 원인을 예학의 쇠퇴라고 진단하고, 친족들과 함께 향음주례를 실천하고 예학에 관한 글을 쓰는 등 전형적인 주자학자이자 퇴계학파의 일원으로서의 삶을 살았다. 그가 1884년과 1900년 복제服制개혁을 반대하고 서원의 재건을 촉구하는 상소에 참여하고, 1890년부터 1900년대 초반에 이르는 시기 향약을 실천하는 것도 그러한 유학적 가치에 입각해 현실의 문제를 타개하려는 시도들이었다. 또한 그가 을미사변으로 촉발된 1895년의 의병운동과 1905년의 의병운동에 직간접적으로 참여하고, 1907년에는 가야산 의병기지 건설에 참여한 것 등은 모두 그러한 현실 인식의 연장선상에 있었다. 복제개혁에 대한 반대와 서원의 재건을 통한 유교적 가치의 교육에 대한 주장이 소극적 위정척사라면, 의병운동의 참여는 위정척사의 적극적 실천이었다.

서산 김흥락의 의병활동 참여를 이은 문도들의 의병활동과 3·1만세운동, 파리장서 참여 등으로 나타난 위정척사의 철학적 기반을 살펴봄으로써 사상과 실천의 상관관계를 확인해 보기로 하자. 우선, 실천으로서의 위정척사는 대체적으로 주리론主理論을 사상적 기반으로 하고 있다. 앞서 언급했듯 이들은 리기理氣 관계의 정의에 있어서 '불상리不相離'보다는 '불상잡不相雜'을 상대적으로 강조하며, 그러한 불상잡不相雜으로서의 리理에 대해 그 자체에 운동성과 작위성을 지니는 능동적 원리로 이해한다. 리理에 대한 이러한 이해의 핵심적 의도는 기氣에 대한 리理의 우위성은 물론이고 사邪로부터 지켜야 할 리理에 절대성과 초월성을 부여하는 동시에 능동적인 작위성을 부여하려는 것이다.

위정척사론자들은 리기 관계에 대한 이러한 이해를 통해 리와 기를 각기 형이상과 형이하, '지선지중至善至中과 편의과불급偏倚過不及', '주主와 종從', '상上과 하下'의 가치 차별적 관계로 분속시킴으로써 사회적 질서로서의 상하의 구분이나 정통正統과 이단異端, 진리와 거짓을 엄격히 구분하는 존재론적 근거를 확보하게 된다. 그리고 그러한 존재론에 근거한 가치관이 당시의 국제정세에 투영되면 피아彼我, 즉 이단인 양이洋夷와 정통인 조선(中華)의 대립이라는 이원적 구도의 이해로 나타나게 된다.

위정척사론자들은 서기西器에 대해 그것을 기기음교奇技淫巧로 규정하고 반대하는데, 여기에는 도덕적 원리(義)라는 정신적 가치와 이익(利)이라는 물질적 가치에 대한 유학 고유의 관점이 개재되어 있다. 흔히 '의리지변義利之辨'으로 불리는 이러한 입장은 이익과 욕망의 부정적 경향성을 강조한 맹자 이래로 유학의 도덕실천에서의 근본 전제이다.[42]

뿐만 아니라 이러한 의리지변은 성리학에 이르면 금욕주의적 경향으로까지 진전된다. 즉, 내면적 덕성의 배양을 중시하는 성리학에서는 욕망 추구의 대상이 되는 외물外物은 수양의 주체에게 도덕적 갈등 상황을 촉발하고 때로는 악에 이르게 하는 부정적인 것으로 간주된다.[43] 이러한 사유는 위정척사파들의 서기西器에 대한 태도에 결정적인 영향을 미치게 된다.

이러한 이유로 이들 위정척사론자들은 서구 문물과 학문을 도입해 자강을 도모해야 한다는 개화파의 주장에 반대한다. 그들이 보기에 진정한 자강의 길은 부정적 욕망을 촉발하는 물질적 이익의 추구가 아니라 유학적 가치를 높이고 그에 의거해 내면의 덕을 닦아 도덕적 역량을 최대화 하는 것이며, 그것을 위해 가장 중요한 것이 군주가 모범이 되어 도덕적 각성과 수양을 행하고 모든 백성의 마음을 하나로 묶어 내는 것

---

42) 박경환, 「동아시아 유학의 근현대 굴절양상」, 『국학연구』 4집(2004).
43) 성리학은 理氣論的 사유에 의거해 道(혹은 理)와 구체적 사물(器)에 대해 차별적인 가치를 부여한다. 道心과 人心, 天理와 人欲, 道와 物, 理와 氣, 道와 器 등의 구분이 그것이다.

(結人心)이다. 앞서 살펴본 바와 같이 당시의 문제에 대해 김홍락이 "마음을 수양하고 바깥의 욕망을 막아 진원眞元을 점차 회복하고 외물의 사특함을 스스로 떨어내십시오.…… 유학儒學 하는 신하를 맞아들여 근원을 단정하고 맑게 하는 데 더욱 뜻을 두신다면, 오늘의 일이 오히려 가망이 있을 것입니다"44)라고 한 것은 그것이다. 이는 유학적 가치에 의거한 군주를 포함한 모든 사회성원들의 내면적 덕성의 함양을 일체 문제 해결의 일차적 출발점으로 삼는 유학적 도덕중심주의의 전형적인 표현이다.

앞서 살펴본바, 위정척사론자들에게서 공통적으로 드러나는 사상적 요소들, 예를 들면 리기'불상잡相雜'의 논리를 통해 선과 악 사이에 뚜렷한 가치 차별을 확보하고 도덕적 실천의 주체인 심心의 역량을 강화하려는 측면들은 이러한 그들의 현실 대응책과 긴밀한 연관이 있다. 그리고 그들이 보기에 그러한 덕성의 함양을 위해서도 부정적인 욕망을 촉발시켜 마음을 흐리게 하는 '기기음교奇技淫巧'의 서기西器와 서학을 금하는 것은 필수적인 조치이다.45)

2) 동도서기적 절충

김홍락 문인들의 항일운동은 의병활동에서 계몽운동을 거쳐 3·1운

---

44) 『西山集』, 권2, 「疏·辭寧海府使疏」.
45) 위정척사파의 이러한 인식은 중국에서 '완고파'의 道器에 대한 인식 및 방책의 제시와 일치한다. 예를 들어 倭仁은 "나라를 잘 다스리는 道는 禮義를 숭상하는 데 있지 권모를 숭상하는 데 있지 않다. 근본적인 것을 도모하는 것은 사람의 마음에 달려 있지 기술에 달려 있지 않다"며 西器의 수용에 반대한다.(倭仁, 「大學士倭仁折」)

동에 집중되고, 이후 1930년대까지 만주지역을 중심으로 한 독립운동으로 이어진다. 문도들의 의병활동은 1905년 을사늑약의 체결에 이은 1910년의 경술국치로 국운이 결정적으로 기울고 그에 반해 유학에 의한 현실의 모순의 타개가 난망해짐에 따라 다양한 선택으로 갈라지게 된다. 즉, 1910년 국권의 상실과 더불어 문도들은 국내외에서 항일투쟁을 포함한 다양한 현실 대응에 나서게 된다. 앞서 언급했던 것처럼, 협동학교를 운영하던 김대락과 김동삼 그리고 대한협회 안동지회를 주도한 이상룡, 성주의 이승희 등이 각기 만주 등지로 옮겨 가 독립운동과 항일투쟁에 참여했다. 또한 국내에 남은 문인들은 3·1운동과 파리장서에 참여하는 것으로 일본에 항거했다. 송기식과 이상동은 3·1운동에 참여했고, 이중업, 류연박, 권상원, 송준필 등은 파리장서에 참여했으며, 이승희는 한흥동 건설에 참여했다.

이제 이들은 유학적 가치에 대한 수호와 이단인 서양의 문물과 제도에 대한 배척의 배타적 태도에서 벗어나 교육, 제도는 물론이고 새로운 사조 등 서구 문물의 수용을 통해 현실에 한계를 드러낸 유학의 부족한 면을 보완하고 독립을 위한 자강의 역량을 키우려는 시도를 하게 된다. 이러한 모색의 근저에는 동양의 가치 즉 유학(東道)을 지키되 서양의 문물(西器) 수용을 통해 이를 보완하려는 동도서기東道西器의 사고가 놓여 있다.

유학 내부, 그중에서도 김흥락의 문도들에 의한 그러한 대응의 변화로는 내앞의 협동학교와 대한협회 안동지회를 통한 교육과 계몽을 중심으로 한 활동이 두드러졌다. 협동학교는 김대락이 내놓은 집에서 청계

종손 김병식이 초대 교장으로, 김동삼(김긍식)이 운영으로 참여했고, 대한 협회 안동지회는 이상룡에 의해 결성되어 당시 사람들에게 공개토론의 장을 제공해 민족의 현실 문제를 파악하는 계기를 마련해 주었다. 이들의 이러한 선택은 유학적 가치에 대한 신념은 그대로 지닌 채, 그 이전 스승인 김홍락의 서구 문물에 대한 배척적 태도와 달리 서구적 교육제도 등의 도입을 통해 유학적 가치의 현실적 대응을 모색한 결과이다. 기본적으로 그것은 동도동기적 입장에서 동도서기적 입장으로의 선회였다. 즉, 유학적 가치에 대한 신심을 지니되 유학적 가치를 내면화하는 수양과 전통적인 학문만을 통해서는 당시의 문제를 타개할 수 없음을 자각한 새로운 모색의 결과였다. 또한 그것은 전통적으로 유학이 추구하던 치국평천하의 사회적 기능을 시대의 변화에 부응해 서구의 제도와 사조를 수용하고 새로운 서구식 교육과 계몽을 통해 실천하려는 모색이기도 했다.

김홍락 사후 변화된 국내외 정세에 대응한 문도들의 선택은 국내에서의 서구적 문물의 수용을 바탕으로 한 교육과 계몽을 통한 구국의 모색, 유교종교화를 포함한 유교혁신을 통한 새로운 대안의 모색, 새로운 사회체제에 대한 전망을 전제한 해외 망명의 항일투쟁 등으로 나타난다.

석주 이상룡을 포함한 그의 문도들이 초기 위정척사의 의병운동으로부터 벗어나 교육계몽, 유교혁신, 망명 항일투쟁 등 다양한 선택으로 시대의 문제에 대한 대응을 넓혀 가는 것은 1905년의 을사늑약과 이를 이은 1910년의 국망을 계기로 유학의 가치를 배타적으로 고수하던 위정척사의 한계를 인식하면서부터이다. 그 이전까지도 김홍락의 문도들은 한결같이 단발령에 항거한 을미의병운동 등에 적극적으로 참여한 위정척사 유림이었다. 그 이전 시기 위정척사 활동이 학파적 차원의 일사불란한 대응이었다면, 이후 이들의 다양한 선택은 개별 인물들의 자각에 의한 주체적 선택과 결단의 산물이었다.

석주 이상룡의 경우를 보면, 1905년 을사늑약이 체결되자 본격적인 의병활동에 나서 1만 5천 냥을 들여 가야산에서 기의한 차성충과 함께 정예부대를 양성했고, 의병장 신돌석 등과의 연대를 모색하기도 했다. 그러나 그의 의병은 싸워 보지도 못하고 조직이 드러나 실패로 끝났고, 이상룡의 지원 아래 경북 동남지역에서 활동하던 신돌석도 피살되고 만다. 이후 그는 의병항쟁이 가진 한계를 인식하고 새로운 구국 방안을 모색하던 중 교육과 계몽운동에 투신함으로써 1907년경 혁신유림으로 전환하게 된다. 그래서 그는 훗날 이 시기 자신의 사상적 변화의 계기에 대해 "50여 년간 공자와 맹자의 글을 읽으며 명주실처럼 얽힌 의리義理를 남김없이 분석했지만 결국은 공언空言에 지나지 않았다"[46]라고 하였고, 또 "시골의 암혈 속에 살면서 승패를 점쳤으나 한 번도 맞추지 못했으니 틀림없이 시국에 어두워서 그렇다"[47]라고 하면서, 자신이 세상의 변화에 대해 무지했음을 회고하게 된다. 이때부터 그는 동서양의 여러 나라에 관한 서적을 구입해 읽어 세계의 대세와 일본의 실체를 이해한 후 서구 문물의 수용과 그를 통한 자강론에 입각한 구국계몽의 길로 옮겨 가게 된다. 이는 그의 스승인 김흥락이 철저한 위정척사의 입장에서 서

---

46) 『석주유고』, 20쪽.
47) 같은 책, 334쪽.

구의 문물과 사조를 배격하던 데서 벗어난 것이다. 그가 1907년 협동학
교 설립을 지원하고 1909년 3월 대한협회 안동지회를 결성해 활동하게
된 것은 그러한 전환의 결과였다.

협동학교는 대표적인 애국계몽운동 단체인 신민회新民會와 밀접한 관
계를 맺으면서 활동하였는데, 특히 교사로 활동한 이관직·김기수·안상
덕 등은 신민회의 추천에 의해 파견되는 등 비밀결사인 신민회의 지원을
받고 있었다. 그가 밝힌 대한협회 안동지회 설립 취지는 다음과 같다.

> 취지를 말한다면 정치이고 교육이고 산업이며, 목적을 말한다면 나라를
> 보존하는 것이고 집을 보존하는 것이고 종족을 보존하는 것이다. 본유의
> 구학을 열심히 배우고 미비한 신법을 참작하고 연구하여 정신을 단합하
> 고 지덕을 병진하여 대한의 자립권을 부흥시키고 회복하고자 한다.[48]

이상룡이 추진한 대한협회 안동지회 설립은 처음에는 보수적인 유림
의 반대로 어려움이 많았으며, 그는 일제 경찰의 방해로 구속되기도 하
였다. 그러나 그를 따르는 시민들의 시위로 석방된 이후 지속적인 계몽
활동을 통하여 대한협회 안동지회는 드디어 1909년 3월에 결성되고 그는
창립대회에서 회장으로 선출되었다. 독립협회 안동지회는 서양 근대사
상과 제도를 수용하면서 민주주의를 훈련함으로써 민족을 계몽시키는
데 그 주된 목적을 두고 있었다. 즉 지방자치를 실제로 추진하는 것을
계획하고 주민의 정치참여 훈련을 위하여 자유토론을 통한 의사결정을

---

48) 『석주유고』, 207쪽.

실천하고자 하였다. 또한 항일 무장투쟁을 염두에 두고 군사단체 조직을 위한 의용병 양성 계획을 추진하였다.

그의 노력에도 불구하고 1910년 나라는 망했고, 이는 그에게 실력양성론에 입각한 교육운동과 계몽운동이라는 일본에 대한 유화적 대응책이 가진 한계를 절감하는 계기가 되었다. 1910년 국권이 상실되자 가산을 정리해 1911년 김대락 등과 함께 망명길에 나서 서간도에 정착하고 무장투쟁을 통한 독립과 국권 회복에 주력하게 된다. 이후 그는 한인의 자치와 무장투쟁의 독립운동에 헌신하게 되는데, 경학사를 설비해 사장으로 취임하고 그 부속기관으로 신흥학교를 세웠다. 신흥학교는 훗날 신흥무관학교로 발전해 독립군을 양성하는 중추적인 기관으로 성장하게 된다.

이 시기 그는 그간 축적한 서학에 대한 이해를 토대로 국권회복운동의 이론적 토대를 더욱 세련화시키고 다져 가게 된다. 존화양이(尊華攘夷)의 중화주의로부터 탈피하고 계약론에 근거한 새로운 국가관을 수용하고, 신분적 사고에서 벗어나 대중의 역량을 중시하며 약육강식의 사회진화론에 입각해 민족의 역량을 키울 것을 강조하는 강한 민족주의 등은 그러한 기초 위에서 나오게 된다.

그럼에도 불구하고 그의 현실 인식과 대응의 근저에는 여전히 유학적 가치가 자리 잡고 있었다. 그가 유학의 현실적 한계를 인식하고 그것을 서학을 통해 보완하려 한 것이 곧 유학에 대한 부정이나 폐기를 의미하는 것은 아니었다. 어디까지나 유학의 토대 위에서 서양의 새로운 사조를 받아들여 이를 현실에 유효하게 대응하는 체계로 재구성하려 한 것이기 때문이다. 이는 그가 서구의 사회주의적 이상을 『춘추』의 삼세론三世論과 『예기禮記』의 대동사회론과 연결시키려는 시도에서 분명하게 드러난다.

이상룡의 이러한 시도에 일관되는 생각은 현실의 문제에 입각해 유학의 출로를 모색하고 그를 통해 구국과 독립을 추구하려는 것이다. 따라서 그는 유학의 모든 명제들이 시대를 넘어서 언제나 불변의 진리인 것은 아니므로 시대의 요구를 기준으로 그것을 판단하고자 했다. 그런 점에서 그는 옛사람의 노예가 되지 말라고 주장하면서 옛사람들 또한 학설을 통해 당시의 폐단을 구제하려고 했을 뿐이고 따라서 사서육경이 결코 오늘에 다 들어맞는 것은 아니라고 주장한다.[49] 이러한 그의 생각의 저변에는 유교적 가치가 지닌 의의를 인정하되 그것이 현실적으로 봉착한 한계를 동서고금의 여러 사상을 개방적으로 받아들임으로써 현실에 적극적으로 대응하고 유효하며 시대에 부응하는 사상으로 혁신하려는 의도가 깔려 있다.[50]

이러한 시도를 통해 그는 중국 중심의 화이론華夷論적 세계관으로부터 벗어나 민족의 주체성에 대한 자각에 이르게 된다. 그는 전통적으로 화이론의 근거가 된 『춘추』에 대한 재해석을 통해, 화이를 구분하는 기

---

49) 『석주유고』, 213쪽.
50) 이러한 개방성은 시대적 필요에 의한 것이지만 동시에 그것을 가능하게 한 그의 개방적 학문관도 작용을 한 것으로 볼 수 있다. 그것을 잘 보여 주는 것이 心卽理의 주장을 담은 한주 이진상의 문집 간행과 관련된 서산 문도들의 일반적인 반응과 대비되는 그의 태도였다. 그는 스승에게 이진상의 심즉리설을 이단시하고 격렬하게 배척하던 당시 유림들의 태도를 비판하는 편지를 스승인 김흥락에게 보냈으며 이진상의 제자이기도 했던 南健에게 긍정적으로 평가하는 의견을 제시도 했다.

준은 어디까지나 예의禮義의 유무이지 종족이나 지역이 아님을 강조하면서, 당시 사대주의적 중화사상을 고수하던 유림을 비판한다.[51] 그리고 그러한 관점에서 우리 역사에 대한 인식에 있어서도 단군조선에서 부여와 고구려 그리고 발해로 이어지는 역사를 정통으로 간주한다.[52]

또한, 이상룡은 이를 통해 전통적 신분제의 한계에서 벗어나 사민평등의 평등적 인간관이라는 결론에 이르게 된다. 그는 대한협회 안동지회를 설립하면서 "회원은 신사상공紳士商工을 막론하고 어떤 직업에 있든 협회 내에서의 권리와 의무가 모두 평등"[53]하다는 점을 강조했고, 만주에서의 경학사 결성을 시작으로 추진한 일련의 결사운동에서 대중적 역량을 강조하면서 노동자와 농민이 해방된 사회를 대동사회로 묘사하기도 했다.[54]

또한 그는 『춘추』의 공양삼세설公羊三世說과 『예기』의 대동사회론과 사회주의의 역사발전관과 이상사회에 관한 사유를 접목해 '거란세據亂世－승평세昇平世(小康)－대동세太平世(大同)'의 직선적 발전관을 핵심으로 하는 새로운 유학적 역사관을 주장한다.[55]

이상에서 살펴본 바와 같이, 이상룡은 전통적인 주자학자이자 척사유림 출신으로 출발해 1895년 의병활동에 참여했으며, 1907년에는 동도

---

51) 『석주유고』, 209~211쪽.
52) 그가 국권 회복의 터전으로 만주를 선택하고 그곳에서 무장투쟁의 독립운동을 도모한 것 역시 그러한 사관에 따라 만주가 우리의 古土라는 인식을 지녔기 때문이다.
53) 『석주유고』, 204쪽.
54) 같은 책, 133쪽.
55) 같은 책, 133~136쪽.

서기적 혁신유림으로 애국계몽운동에 참여하고, 1911년 이래 1932년 세상을 떠날 때까지 6개월의 짧은 임시정부 활동기를 제외하고 무장 독립 투쟁에 투신하는 삶을 살았다. 비록 혁신유림으로서 유학의 현실적 한계에 주목하고 서양의 새로운 사조와 사상을 수용하긴 했지만 그의 현실 대응의 저변에는 가학과 스승인 김홍락의 가르침을 통해 온축한 유학적 사유가 깊이 자리하고 있었다.

우선, 그가 조부와 스승으로부터 물려받은 '뜻을 견고하게 세움'(立志)의 중요성에 관한 가르침은 평생토록 변치 않는 일관된 실천을 가능하게 한 강고한 의지를 부여하는 원동력이었다.[56] 또한 김홍락은 학문방법론에서 인격의 완성에 이르는 수양에 있어서 가장 중요한 것으로 '경敬'을 제시했는데, 그가 스승과 주고받은 여러 편지에서 '경'의 중요성에 관해 의견을 개진하고 가르침을 받는 것을 볼 수 있다.

한편, 의병활동의 참여와 실패, 대한협회 안동지회의 설립과 실패에 이어 국망의 참담한 현실에 직면했을 때도 그는 다시 떨쳐 일어나 만주 망명을 통한 항일투쟁의 길로 나서는데, 이러한 결행의 장면에서도 그의 스승이 드리운 가르침의 그림자를 찾아볼 수 있다.

어떤 경우에든 바른길을 택해야 함은 예로부터 우리 유가에서 날마다 외

---

56) 그는 일찍이 스승에게 올린 편지에서 "학문을 하기 위해서는 반드시 먼저 뜻을 세워야 한다. 천하 영웅재사가 어찌 끝이 있으랴만, 끝내 성취하지 못한 것은 모두 뜻을 세우지 못했기 때문이다"라는 조부 이종태의 가르침을 언급하며 학문에서 立志의 중요성에 대해 언급한 바 있는데(『석주유교』, 「上西山先生別紙」), 입지는 김홍락의 학문방법론에서 출발점으로서 중요한 요소이기도 했다.

다시피 해 온 말이다. 그렇다면 마음에 연연한 것이 있어서가 아니라 능히 결단하지 못해서이며, 마음에 두려운 것이 있어서가 아니라 능히 단정하지 못해서이다. 다만 대장부의 철석같은 의지로써 정녕 백번 꺾이더라도 굽히지 않는 태도가 필요할 뿐이다. 어찌 속수무책의 희망 없는 귀신이 될 수 있겠는가.57)

김흥락은 「입학오도」의 '입지立志'에서 주자의 말을 인용해 이익(利)과 의로움(義) 간의 선택이 죽음과 삶의 갈림길임을 강조하면서 그것을 앞에 두고 오직 의로움을 택해 과감하게 결단해 굳건히 나아가야 할 뿐임을 강조한 바 있다.

또한 이상룡은 정통 성리학을 근간으로 하는 유교에서 출발했지만 그 한계를 현실 속에서 절감하면서 50에 가까운 중년에 이르러 사유의 혁신을 추구함으로써 성리학 일변도의 세계관에서 벗어나서 동양사상 전반에 대한 이해로 넓혀 가고 서양사상과 과학 그리고 사회주의 사상까지도 수용해 우리 근현대사에서 보기 드문 폭넓은 사상적·학문적 소양을 갖춘 인물이 되었다.58) 이처럼 그는 일생동안 끊임없이 실천을 통해 이론의 현실 적합성과 타당성을 검증하면서 자신의 사상을 발전시켜 갔다. 전통적 성리학자로서 위정척사에 근거한 의병활동, 동도서기적 입장에 선 교육과 계몽을 통한 자강의 추구, 다양한 동서양 사상과 과학기술의 수용을 토대로 한 항일 독립투쟁과 이상사회를 목표로 한 공동체 구상과 실험 등 근현대 민족사의 최전선에서 활동한 이상룡의 실천적 대응

---

57) 『석주유고』, 「서사록」.
58) 임종진, 「석주 이상룡의 공교미지에 대한 분석」, 『철학논총』 44집(새한철학회).

의 토대는 부단한 모색을 통해 얻은 앎이었다. 앎과 실천의 합일을 추구한 이러한 사상적 특징은 그가 스승으로부터 배운 학문의 요체이기도 하다. 그는 스승에게 보낸 편지에서 이론과 실천의 관계에 대해 다음과 같이 말한다.

> 알고도 실천하지 않는 것은 알지 못하는 것과 다름이 없습니다. 그러므로 군자의 배움은 힘써 실천하는 것을 귀하게 여깁니다. 그러나 실천할 수 없는 것은 바로 아는 것이 진실하지 못하기 때문입니다.[59]

이는 거경居敬을 토대로 지식의 추구인 궁리窮理와 현실에서의 실천인 역행力行을 강조한 스승 김흥락의 학문방법론이기도 하다. 이상룡은 초기 전통 성리학의 둥지에서 벗어나 서양의 문물과 사조를 수용함으로써 스승인 김흥락의 위정척사 사유의 한계에서 벗어나 지속적으로 다양한 변화를 추구하는 삶을 살았다. 그럼에도 불구하고 그의 그러한 변화의 시도는 배움과 실천의 합일을 강조한 스승의 가르침이 있었기에 가능한 것이었다.

3) 유교종교화의 시도

한편, 이 시기 김흥락의 문도들 중에서는 약육강식의 국제 경쟁에서 살아남기 위한 방안의 하나로 유학의 종교화를 중심으로 한 유학혁신에

---

59) 『국역석주유고』 상권, 278쪽.

주목한 인물들이 나타나게 된다. 그것 역시 전통 유학의 가치를 긍정하되 동도서기적 절충을 통해 새로운 출로를 찾으려 했던 사상적 모색과 실천의 하나로 볼 수 있다.

앞서 살펴본 이상룡의 초기 활동에서 두드러진 교육과 계몽, 그리고 조국의 독립과 새로운 체제의 실현을 위한 노력이 전통 유학이 지녔던 치국평천하로 대표되는 사회적 기능의 회복을 위한 시도라고 한다면, 유학종교화는 천주교를 비롯한 서구 기독교의 도전에 직면했던 유학이 그 토대가 되는 수신의 측면을 새롭게 강화함으로써 새로운 생명력을 부여하려는 시도에서 나온 것이다.[60] 이는 국권상실로 나타난 위정척사에 의거한 의병활동이 노정한 한계에 대한 인식과 개항 이후 기독교로 대표되는 근대 종교의 급속한 파급을 계기로 자강에 있어서 정신적 요소 내지는 종교의 힘이 지닌 중요성에 주목한 것이다.[61]

이 시기 중국과 조선에서 활발하게 추진된 유학종교화의 연원은 청말 강유위康有爲(1858~1927)가 중국의 자강운동의 일환으로 주창한 공교운동이다. 강유위의 공교운동은 전통 유교의 방향을 서구의 기독교 형태로 전환한 활동으로, 기독교를 서구 부국의 기틀로 보고 유교를 종교화함으로써 종교가 가진 신앙의 힘으로 혼란에 빠진 민족정신을 결집하고 구국

---

60) 조광, 「개항 이후 유학계의 변화와 근대적응 노력」, 『국학연구』 5집(한국국학진흥원), 90쪽.
61) 당시 의병투쟁은 1908년 격전회수 1,415회에 참여 인원 69,828명으로 정점에 도달했다가 1910년에 이르면 격전회수 147회에 참여 의병수 1,891명으로 줄어들다 국권상실 후 1911년에는 333회에 216명으로 격감한다. 반면에, 기독교의 교세는 1900년 천주교와 개신교를 합쳐 56,110명이었던 것이 1910년에 이르면 213,987명으로 4배 가까이 늘어난다.(앞의 조광 논문 93 · 95쪽)

을 도모할 수 있다는 생각의 발로였다. 이러한 강유위의 유교종교화운동은 중국과 비슷한 실정의 우리나라 유학계에 많은 영향을 주어 빠르게 수용되었다.[62] 강유위는 국권을 상실하고 식민지배에 놓인 조선의 진로에 대한 이병헌의 물음에 대해 다음과 같이 대답한 바 있다.

> 국가의 명맥은 민족의 정신에 있는데, 민족을 단결시키고 정신을 유지하는 방법은 하나뿐으로 종교에 있다. 중국과 조선 두 나라의 종교는 유교이므로 유교를 자기 나라의 생명으로 여기고 유교를 구출하는 것을 나라를 구출하는 전제로 삼으면 이미 멸망한 나라도 희망이 있을 것이다.[63]

강유위는 영국의 식민지배를 받는 인도와 나라를 상실한 유대의 경우를 예로 들어 설명하면서, 민족정신을 고취하는 방법으로서의 종교의 중요성을 역설하고 유교를 민족정신의 생명력을 이루는 종교로서 재정립할 것을 이야기했다. 종교화를 통한 유학의 혁신과 재건이 국권 회복의 관건임을 강조한 것이다.[64] 이러한 강유위의 영향 아래 영남지역에서 특히 두드러졌던 공교운동은 해창 송기식, 한계 이승희, 동산 류인식, 진암 이병헌 등이 관심을 기울였고, 석주 이상룡도 저술 가운데서 공자교

---

62) 황영례, 「한계 이승희와 해창 송기식의 공교운동의 상이성」, 『유교사상연구』 39집 (한국유교학회), 92쪽.
63) 『李炳憲文集』 下, 「眞菴略歷」, 599쪽.
64) 강유위의 이러한 공교사상은 그의 제자인 梁啓超에 의하여 계승 강조되어 당시 중국사회를 풍미했을 뿐만 아니라, 사회진화론·민족주의·계몽주의 등 서구사상의 적극 수용을 주창하여 부국강병을 위한 개혁운동을 추진했다. 그의 저작 『음빙실 문집』은 조선 지식인들에게 큰 영향을 미쳐 사회진화론의 확산, 서양 문명의 수용과 제창, 애국계몽사상의 확산 등을 가져왔다.

에 대한 견해를 피력한 바 있다. 여기서는 이들 가운데서도 가장 체계적
인 저술을 남긴 송기식의 공교운동을 동도서기적 유교혁신과 그것을 통
한 구국의 모색이라는 시대적 대응의 대표 사례로 검토해 보기로 한
다.[65]

송기식은 18세이던 1895년 을미의병에 부통副統으로 임명된 조부를
따라 의병에 참여했고, 다음 해에는 김도화 의진에서 대장영서기를 맡았
다. 을미의병 해산 후 1898년 21세 되던 해 서산 김홍락의 문하에 입문했
다. 서산 김홍락 사후 척암 김도화와 향산 이만도에게서 배웠다. 1909년
에는 대한협회 안동지회 활동에 참여했고 협동학교 건립에도 참여했으
며, 그 자신이 봉양서숙을 설립해 운영했고 안동 하회의 동화와 보문학
교 일에도 관여하는 등 교육을 통한 구국에 매진했다. 1919년 3월 17일
3·1만세운동에 참여하려던 당일 일본 경찰에 잡혀 옥고를 치렀다. 출옥
후 1921년 종교화를 통한 유교혁신의 구상을 담은 『유교유신론』을 저술
했고, 1930년에는 관련 내용을 담은 한글 가사 「인곡가麟谷歌」를 지었으
며, 그 외 그의 문집에도 공자교의 구상과 관련된 내용을 다수 남겼다.

이를 통해 그는 일제와 서구사상의 유입으로 혼란의 도가니에 빠진
당시 사회를 유교의 종교화를 통해 치유하고 유학의 혁신을 도모하는
방안을 구체적으로 제시하였다. 그 요지는 전통적 학파 중심 학문으로서

---

65) 금장태는 이 시기 다양한 유교혁신론의 갈래를 주자학을 배경으로 하는 것, 애국계
　　몽운동을 배경으로 하는 것, 양명학을 배경으로 하는 것, 금문경학을 토대로 하는
　　것 등의 4가지 유형으로 나누고, 송기식과 이승희의 유교혁신론을 주자학을 배경
　　으로 하는 사상적 모색과 실천으로 분류하고 있다.(금장태, 『유교개혁사상과 이병
　　헌』, 예문서원, 2003, 208~209쪽)

의 유교에서 탈피해 서구의 종교처럼 회당을 만들고 공자를 교주로 높이는 종교화의 길만이 유교를 살리고 나라를 살리는 길이라는 것이다.

그가 이러한 생각을 가지게 된 것은 당시 유학이 처한 현실 상황에 대한 반성의 결과였다. 당시 그가 목격한 현실은, 국권 회복의 희망은 점차 희미해져 가는데 제 몫을 해야 할 유학은 도리어 사람들에게 외면과 비난의 대상이 되어 기독교, 불교, 천도교 등 여타 종교들 틈새에 질식되어 가고 있었기 때문이다.[66]

이러한 그가 유학의 혁신을 위한 유교종교화 방안을 제시한『유교유신론』은 서언과 14장의 내용으로 구성되어 있다. 송기식은 이러한 구상을 통해, 역사 속에서 형성된 부정적인 요소와 그로 인한 부작용들을 걸어 내고 종교화를 통해 유학을 혁신시킨다면 유학 부흥이 가능하고 그것을 통해 자강과 국권의 회복이라는 시대적 요구에 부응할 수 있음을 강조했다.

그의 유학종교화 구상에서 주목할 것은 '경敬'을 강조한 점이다. 경은 퇴계철학에서 학문과 수양에 있어서 핵심적인 요소일 뿐 아니라, 이후 퇴계학파에서 중시한 수양방법론이기도 하다. 특히, 앞서 이상룡의 경우에서 언급한 바 있지만, 서산 김흥락의 사상에서 리기론理氣論 등 성리학적 이론에 대한 천착이 상대적으로 적은 대신 실제 수양공부의 요체인 경이 두드러지게 강조됨을 볼 수 있다. 송기식은 바로 그러한 학파적 유산인 경을 유학종교화의 관건적인 요소로 간주하고, 경을 통한 유학의

---

66)「麟谷歌」, 20~22쪽.

종교화가 유학 개혁과 국권 회복의 첩경임을 강조한 것이다. 송기식은 이러한 유교종교화의 구상을 실현하는 노력에도 힘을 기울여 녹동서원을 중심으로 강사를 양성하는 한편, 전국 단위의 조선유교회 운영에 참여했으며 전국 각 지역에 공자예배소를 설치하고 전교사를 파견하는 등의 활동에도 참여했다.

송기식의 유교종교화는 약육강식의 국제질서 속에서 서구에 뒤진 과학기술 등 물질적 조건의 열세와 제도적 개혁의 한계를 정신적 요소를 통해 극복하기 위한 것이었다. 즉, 유학의 개인적 수양인 수신과 치국평천하라는 이상적 사회의 구현인 사회철학을 종교신앙화 함으로써 그 실효성과 실천력을 담보하려는 것이었다. 또한 그것은 유교 내부 보수적 유학자에 의해 전개된 항일 의병투쟁이 봉착했던 한계에 대응한 유학 내부의 방향 전환이기도 했다. 당시 지식인들이 느꼈던 외세 위협의 중심에는 외래 종교인 기독교가 있었고, 이들 종교는 조상 제사의 거부 등 유학적 전통 가치와 심각한 충돌의 상태에 있었으므로, 전통적 가치와 의례를 본질로 하면서 서구의 기독교에 대응할 수 있는 유학의 종교화 길을 모색하게 된 것이다.[67]

절망적인 국권 회복의 가능성과 기존 유학의 현실적 무기력 등의 현실 상황에서 유학적 가치를 지키면서 서양의 문명을 받아들이려는 절충적 시도가 동도서기적 대응이었다. 이들은 유학의 핵심 가치가 윤리도덕

---

67) 이러한 배경에서 초기 이승희, 이병헌 등에 의해 시도된 공자교운동을 시작으로 이후 大同敎, 太極敎, 孔子敎會, 大聖敎 등으로 다양한 유교의 종교화가 나타나게 되었다.

에 있고 그것은 언제 어디서나 통용되며 불변의 진리라고 인정하는 점에
있어서는 그들의 스승인 위정척사파와 인식을 같이한다. 다만 그들은 당
시의 유학이 이용후생의 실용적(器) 측면에서 한계를 드러냄을 인정하면
서 일제의 침탈에서 벗어나는 자강을 도모하기 위해서는 제도의 개혁과
유학의 개신이 필요하며 이를 위해서는 서구 문물의 도입 등이 필요하다
고 생각했다. 그러면 이들이 유학적 가치에 대한 신념을 지니면서도 위
정척사에서와 달리 서기西器의 수용으로 전환할 수 있게 하는 내재적 계
기는 무엇인가?

우선 이들은 대체로 주자를 넘어서 공자의 본원유학으로 소급해 그
속에 담긴 실용적 경세사상에 주목한다. 내성內省 위주의 존덕성尊德性 중
시에서 기인한 주자학적朱子學的 협애성에서 벗어나 외물이 쓰임을 다함
으로써 개체 생명의 존속에 기여하고 나아가 내면의 덕성 실현의 현실적
토대가 됨을 인정한다. 그럼으로써 외물을 덕성함양과 대립적 관계로 이
해하는 데서 벗어나게 되고, 나아가 그것에 대한 적극적 이용도 정당화
된다. 이처럼 일단 외물이 우리의 삶을 이롭게 하고 궁극적으로 덕성의
함양에 기여하는 것이라는 긍정적인 의의를 부여받게 되면, 서기西器라
하더라도 현실적 효용성을 지니고 이로움을 주는 한 적극적으로 긍정되
게 된다.

이들은 그러한 실용적 관점에서의 서기西器를 포함하는 외물에 대한
긍정적 의미 부여의 가능성을 공자에게서 찾는다. 즉, 그들은 공자로 소
급해 유학의 수기修己와 경세經世를 겸전兼全하던 유학 본래의 전통을 회
복하자는 것이다. 그들에게는 송대 이래 성리학이 내성적 차원의 수기에

치중함으로써 상대적으로 경세의 실용적 측면을 소홀히 한 결과 유학을

협애화시켰다는 인식이 전제되어 있다.[68] 동도서기론적 입장에 선 이들

은 유학의 실용적 경세의 측면을 복원하는 한편, 유학의 핵심 수양법인

'경敬'에 의거해 종교적 실천성을 확보하려 했다. 이를 통해 그들은 협애

한 철학으로 축소되고 교조화와 형해화의 길을 걷던 유학에 대한 일대

재정비를 주장한 것이다.[69]

한편, 위정척사론자의 주자일존적 입장과 달리 동도서기론적 절충의

관점을 지녔던 이들에게서 '복원復原'이라는 공자에의 회복 혹은 공자사

상의 강조가 상대적으로 두드러지는 것은 주목할 만하다.[70] 그것은 내성

적 수기에 편향된 주자학의 한계에 대한 인식과 더불어 공자로 대표되는

본원유학에서 수기와 나란히 중시되었던 경세經世의 의의를 다시 인식했

음을 의미하는데, 이는 위정척사파의 주자중심주의와는 대비된다.

공자에로 복원을 주장하는 이러한 동도서기론적 입장은 유학적 진리

의 보편성과 절대성을 긍정한다는 점에서는 위정척사 진영의 유학 이해

---

68) 海窓 宋基植 역시 『儒教維新論』 「緒言」에서 당시의 유학에 대해 넓게 포괄하는 사상
   (儒教包圍主義)에서 협애한 사상(近古狹隘主義)으로 빠졌다고 비판한다.
69) 정주학에 대한 이러한 평가는 이들의 유교혁신운동에 큰 영향을 주었으며 孔教운
   동의 원조 격인 康有爲에게서도 동일하게 보인다. 강유위는 공교 복원의 전제로
   공자 이래 축소 왜곡된 여러 유학 사조들을 비판하는 가운데 송대 성리학에 대해
   공자의 전체 사상 중에서 修己의 학문만을 말하고 공자의 救世의 학문을 밝히지
   않았다고 비판하고 있다.(梁啓超, 『飮氷室文集』, 6장 「宗教家之康南海」)
70) 결국 그들은 모순적인 현실과 그에 대한 대응에서 무력한 당대의 유학을 넘어서는
   길을 객관적 조건의 열세를 극복할 주체의 정신적 역량 혹은 주관적 능동성에 대한
   강조와 더불어 이미 실학이 시도한 바 있는 유학의 경세적 측면의 부활, 유학적
   규범에 대한 시의적절한 재해석 등에서 찾았는데, 뒤의 두 모색을 공자로의 복귀에
   서 찾았다.

와 입장을 같이한다. 그런데 그들은 유학 자체는 긍정하되 당시 유학의 한계를 비판한다. 그리고 그러한 유학의 한계는 본원유학 자체에서 기인한 것이 아니라 그것을 제대로 계승하고 실천하지 못하는 당대 유학과 유학자들의 한계에서 기인한 것임을 분명히 한다. 그럼으로써 그들은 유학 자체에 대한 긍정 동시에 한계를 지닌 현실의 유학에 대한 개신의 주장을 양립시킬 수 있게 되는 것이다.

5. 김흥락 학단의 사상사적 의의

이상에서 근대전환기 역사적 격변의 시기 서산 김흥락과 그의 문도들의 현실 인식과 대응을 살펴보았다. 퇴계학파의 적전을 자임하며 학맥과 혼반으로 연결된 관계 속에서 지역에서 함께 강학하던 특성상 이들의 현실 인식과 대응에서 그 실천성이 두드러진다. 이는 서산의 문도들 705명 중 50명이 넘는 인물들이 의병투쟁을 비롯한 다양한 항일활동에 참여하는 양적인 측면에서, 그리고 해방에 이르기까지 3·1운동시위, 교육계몽운동, 유교의 종교화, 무장투쟁 등 다양한 항일활동을 이어 간 지속성에서 확인된다. 그리고 그러한 그들의 현실 인식과 대응 가운데서 우리는 서산에서 그의 문도들에게 퇴계 이래 전승된 경敬의 중시라는 학문과 수양방법론, 앎과 실천의 일치를 추구한 지행합일의 사상이 관철되어 그러한 대규모의 지속적인 실천을 가능하게 했음을 확인할 수 있다.

이들 서산 문도들의 현실 인식과 대응에서 우리는 두 가지의 주도적인 패턴을 발견할 수 있다. 그것은 실용성의 강조와 주체성의 강화이다. 이는 서산학단만의 고유한 경향성이라기보다는 폐쇄적이고 따라서 자족적인 체제에서 주도적 사상으로서 배타성을 지닌 채 기능했던 유학이 근현대 전환기의 외재적 충격에 직면해 대응하는 과정에서 체현하게 된 공통적 경향성이다. 우선, 실용성의 강조는 서구의 기술과 무력이라는 현실적 힘에 대응할 수 있는 객관적 역량의 강화의 필요성에 의해 제기된다. 전통적 개념인 기器로 포괄될 수 있는 물질적 역량의 강화라는 실용 중시를 통한 자강自强의 길이다.

김흥락 문도의 현실 인식과 대응에서 '경敬'의 강조와 유학의 종교신앙화 주장에서 확인되는 주체성의 강화는 서구의 기술과 무력이라는 압도적인 현실적 힘을 넘어서는 길은 주관적 역량의 강화를 통해서 가능하다는 인식에 따라 제기된다. 전통적 개념으로 말하면 주관적 역량이란 곧 심心이다. 이러한 방법 역시 주관능동성의 강화라는 정신적 역량의 극대화를 통해 추구한 자강自强의 길이라고 할 수 있다.71)

---

71) 서산학단을 포함해 퇴계학파의 위정척사론에서 두드러진 理發의 강조나 동학의 守心正氣와 誠敬信에 대한 강조는 이 心으로 대표되는 주체역량의 강화와 밀접한 관련이 있다. 또한 석주 이상룡에게서도 볼 수 있듯 이 시기에 와서 전통적인 주자학 일변도의 유학에서 벗어나 양명학에 대한 관심이 대두되고 양명학을 통한 시대적 대응과 실천이 나타난 것도 心의 주체성과 능동성에 주목한 결과로 볼 수 있을 것이다.

제5장
동산 류인식의 시대 인식과 사상적 대응

1. 류인식의 생애와 시대 인식

류인식은 전근대에서 근대로 이행하는 시기에 유년과 청년기를 거치면서 국가와 민족이 누란의 위기에 처하고 마침내 일제에 의해 멸망에 이르는 것을 오롯이 목격하게 된다. 유학의 유신과 신학문의 수용을 통한 교육 구국에 매진한 그의 생애를 따라가며 그의 시대 인식과 사상적 대응의 배경에 대해 살펴보자.[1]

류인식은 1865년(을축년) 5월 3일 안동 예안면 삼산리에서 서파 류필영(1841~1924)의 아들로 태어났다. 약력에서는 류필영에 대해 "문장과 경술로 학자들의 스승이 되었으나 경술년 이후 의관을 폐하고 집밖을 나가지 않았다"고 적고 있는데, 그는 정재 류치명의 제자이자 정재학파의 중심인물로서 학식과 덕망이 높았고 면우 곽종석과 조선의 독립을 청원한 파리장서에 서명해 일경에 체포되어 고초를 치렀다. 류기영柳祈永에게 입

---

1) 이하 그의 생애에 대한 개괄은 『동산유고』에 실린 그의 아우 柳萬植이 정리한 연보에 해당되는 「略曆」의 내용에 의거했다.

후되어 후사를 이었는데 류기영은 "재주와 행실이 갖추었으나 일찍 세상을 떠났다."[2]

류인식은 전통적 유학자들이 그러했듯이 유년기부터 청소년기까지는 주로 사서삼경을 비롯한 유학의 경전과 선유들의 저작을 배우는 공부에 몰두하는 한편 입신양명에 뜻을 두고 과거공부도 소홀히 하지 않았다. 비록 유학의 가문에 태어난 인물들과 같은 청년기까지의 학문 이력을 따라갔지만 그의 타고난 성품은 주어진 학설과 견해를 추종하기보다그 정당성을 끝까지 캐묻고 때로는 주변의 인물들과 시비를 둘러싼 논쟁을 서슴지 않을 만큼 적극적이었던 것 같다.

> 성격이 무척 강하고 사나워 동료들과 다투고 따지면 온종일 그치지 않아 비록 어른들의 꾸지람을 들어도 고치지 않았다. 할아버지가 치우치고 성급한 성격을 걱정하여 날마다 옛사람들의 좋은 말과 선한 행동을 가지고 진지하게 교도하기를 다반사로 하며 덕성을 기르고 의리에 무젖도록 하여 기질을 바꾸도록 하였다.[3]

그의 이러한 타고한 기질은 비록 조부의 걱정거리였지만 무능하고 유약함에 빠져 시대에 부응하지 못하는 유학에 대해 주변의 비판과 비난에도 굴하지 않고 과감히 유신과 새로운 변화를 주장하고 실천에 나서게 한 바탕이 되었을 것임을 알 수 있다.

29세 되던 1893년(계사년)에 오랜 공부로 준비해 온 과거에 응시하러

---

2) 『국역동산유고』, 「附錄 · 壙記」, 387쪽.
3) 같은 책, 388쪽.

서월에 갔다가 현실의 벽에 부딪쳐 실망하고 과거에 대한 뜻을 접게 된다. 응시하는 선비들이 과거를 통해 경세의 포부를 펼 의지는 없이 그저 이욕 추구에 염치를 몰각하고 선발 과정에 청탁과 문벌의 배경이 개재된 폐단을 목격한 것이다. 이때의 경험은 그의 과거제를 중심으로 한 낡은 제도의 혁파와 과거를 목표로 하는 유학 공부의 폐해를 비판하고 낡은 제도의 혁파와 유학의 유신을 일관되게 주창한 계기가 되었다.

이듬해 1894년(갑오년)에는 동학도들의 봉기가 일어나 탐관오리에 대한 처단이 이어졌다. 그러나 관군이 무력하여 사태에 제대로 대처하지 못하자 권세가들이 자신들의 보신을 위해 외세를 끌어들여 나라의 멸망이 눈앞에 이르렀음을 깨닫게 된다.

조선의 위기는 더욱 가중되어 이듬해 1895년(을미년)에는 을미사변이 일어나자 석주 이상룡 등을 비롯한 지인들과 청량산을 근거로 의병기의를 도모했지만 관군의 공격에 성이 함락되어 해산했다. 이어 패배를 설욕하고 안동부를 회복하기 위해 청량산에서 동지들을 규합해 재기를 도모했지만 그마저도 관군의 저지로 뜻을 이루지 못하게 되었다.

이 3년의 시간은 이후 시대의 문제에 대응하는 그의 인식과 실천에 중요한 계기가 되었을 것으로 짐작된다. 내외적 모순은 점증해 국가와 민족의 위기는 파국으로 치닫는데 자신의 이욕에만 눈이 먼 관리들이 버티고 있는 조정과 제도는 더 이상 신뢰하고 의지할 수 없음을 알게 되었다. 그럼에도 나라의 원기라는 유학적 지식인인 선비들은 현실에 눈 감고 여전히 과거지학에 몰두하고 있었고, 그나마 뜻있는 선비들의 국망을 막기 위한 노력도 무력하게 실패로 끝나고 말았다.

이후 10년은 이미 그가 그 한계를 직감한 옛 제도의 혁신과 옛 학문 유신의 출로를 모색하던 시기였다. 그는 뜻을 같이하는 동지들과 시대의 고민을 함께 나누며 전국을 두루 다녔는데, 이러한 과정에서 지난 3년간의 경험에서 느꼈던 시대의 문제와 사회적 위기의 실체를 극명하게 확인하는 계기가 되었을 것이다. 39세 되던 1903년(계묘년)에 러일전쟁이 일어나 위정자들은 친일, 친러파로 갈라져 외세에 부화해 다투며 국가의 위기를 수습할 대책은 요원한 상황이었다. 이때 류인식은 서울에 들러 장지연, 신채호 등과 교유하게 되는데 이를 통해 약육강식의 상황에서 국가의 멸망을 구하는 방도는 교육에 있음을 자각하고 "오늘날의 급선무는 교육에 달려 있을 뿐이다. 백성의 권리를 개척하고 백성의 지혜를 계발한 뒤에 나라의 세력을 만회할 수 있고 민족을 보전할 수 있다"[4]고 밝힌다.

그는 교육의 필요성을 자각하면서 동시에 전통적 유학의 공부만으로는 시무에 대응하기 부족함을 깨닫고 외국의 서적을 구해 읽고서 세계는 넓고 다양한 국가와 민족 간 문명과 야만으로 갈리게 된 까닭을 알게 되었다고 한다. 「약력」에서는 이로써 의식의 일대 전환이 일어났고 그 자신이 그간 구학인 유학에 갇혀 있던 한계를 깨닫고 유학에 대한 유신의 뜻을 세웠음을 밝히고 있다. 스승인 척암 김도화에게 올린 편지에 신채호와의 만남을 통해 세계에 대한 인식과 신학문의 필요성을 자각하고 아울러 유학의 혁신을 주창한 배경이 잘 드러나 있다.

---

4) 같은 책, 391쪽.

계묘년에 다시 서울에 갔다가 신채호라는 사람을 만나 함께 지내게 되었습니다. 신채호는 청주 사람으로 자질이 남보다 뛰어나고 고금에 대해 박식하며 언변이 바람이 일 듯 거침이 없는 인물입니다. 그는 영남의 학술풍토는 반드시 개혁되어야 하고 또 서학을 연구하지 않으면 안 된다고 했습니다. 하지만 저는 반론을 제기하며 동의하지 않아 며칠 동안 논쟁이 오갔습니다. 그러던 어느 날 그가 신학 관련 서적 몇 권을 주면서 자기 말에 승복하지 못하겠으면 이 책들을 한번 보라고 했습니다.…… 거기에는 전 지구상의 역사책에서는 보지 못했던 정보와 한 번도 가 보지 못한 나라들에 대한 형형색색의 내용들이 들어 있어 눈이 휘둥그레지고 정신이 나간 그 모습을 무어라 말할 수 없을 지경이었습니다. 그러다 또 얼마 지나지 않아 러일전쟁이 일어나 포연이 자욱하고 총알이 빗발치는 광경을 보고 그때까지의 완고한 몽상들이 한꺼번에 깨지고 말았습니다. 이를 계기로 비로소 평소 지니고 있던 사사로운 지식과 생각은 흐르는 물이나 구름처럼 공허한 것임을 깨닫고 이에 혼연히 유신의 뜻이 생겨 사상에 일대 변화가 일어난 것입니다.[5]

의식의 전환과 새로운 모색에 대한 의지는 상응하는 실천으로 이어졌다. 고향으로 돌아온 그는 학교 설립에 관한 고종의 윤음에 부응해 학교 설립을 시도하게 된다. 그러나 그러한 시도는 보수 유림들의 완고한 반대에 뜻을 이루지 못하다 우여곡절 끝에 1907년 마침내 신식 교육기관인 협동학교協東學校를 설립하게 된다. 그 사이 석주 이상룡이 대한협회를 창립하자 참여하였고, 이후 구 사회제도의 하나인 신분제 철폐와 적서차별 철폐에 앞장서게 된다.

---

5) 『극역동산유고』, 「書·척암선생에게 올리다」.

이러한 그의 실천에 대한 보수 유림의 반대가 극심해지자 그는 협동학교 교직원 및 학생과 머리를 깎고 오히려 신학문 교육의 의지를 다졌다. 이에 보수 유림에서는 "이적금수라고 지적하며 인류를 무너뜨리고 인간성을 상실했다고 손가락질하고 온 고을이 적대시"했고, 마침내는 집안과 스승에게서 의절을 당하기에 이르렀다. 이즈음 스승인 척암 김도화에게 올린 편지에는 그가 직면한 세간의 비난과 인간적 고뇌가 잘 드러나 있고, 그럼에도 굴하지 않고 나라와 민족을 구하기 위한 유학 개혁과 계몽운동의 당위성에 대한 그의 의지와 각오가 피력되어 있다. 이듬해인 1908년(무진년)에는 협동학교에 난입한 폭도들에게 교직원 셋이 살해당하는 참극을 겪기도 했다.

류인식은 주변의 비난과 배척에도 굴하지 않고 유학을 혁신하고 신학문을 수용하는 등 구국을 위한 실천의 노력을 그치지 않아 당국의 집요한 감시 속에 40여 차례 구인되어 고초를 겪으면서도 교남교육회嶠南教育會 결성 등의 계몽운동을 이어 갔다.

그러나 그의 노력에도 불구하고 46세 되던 1910년(경술년) 기울어 가는 나라의 운명은 국권의 상실로 귀결되었다. 경술국치 이후 일제의 간섭이 더욱 심해져 여러 번 협동학교의 폐교 명령이 내려지기도 했는데, 번번이 결연히 맞서 학교를 존속시켜 갔지만 학교 운영은 날로 어려워져 갔다. 이에 1911년(기해년) 그는 협동학교 임원회를 열어 학교를 존속할 대책을 강구했지만 상황은 여의치 않았다. 이에 "오늘날 교육에 정신의 자유가 없으니 장차 어디에서 교육을 하겠는가? 발해의 옛 성이 우리들이 귀속할 곳일 뿐이라고 여기고" 만주로 망명할 결심을 하게 된다. 이후 김동삼 등 동지의 만주행을 따랐다 돌아와 가산을 처분해 망명할 준비를 하던 중 또다시 구금되어 계획이 수포로 돌아가고 만다.

망명 시도가 무산된 후에는 계급 차별이 국가와 민족의 단결과 발전에 가장 큰 장애임을 깨닫고 노비 환속과 적서 차별의 철폐 등의 실천에 더욱 매진했고, 1912년(임자년)부터 지역의 각 마을에 강습소를 설치하여 국민들의 지혜를 열기 위한 교육운동에도 힘을 쏟았다. 49세 되던 1913년에는 서울로 올라가 이상재, 유진태 등과 교육협회를 설립해 전국적인 범위의 통일적 신교육 보급에 더욱 매진했고, 대구에는 교남학관을 열어 신학문을 배우는 청년들을 지원했다.

1919년(기미년) 3·1만세운동이 일어나자 유행성 독감에 걸려 직접 참여하지 못하고 아우 류만식을 보내 만세운동의 정황을 전해 듣고서 "백성의 지혜가 열리지 않았고 시기도 이르지만 나라가 망하고 12년도 되지 않아 이런 운동이 있으니 어찌 장쾌하지 않겠는가?" 하고 찬탄했다. 이듬해 1월에 지은 「차야한此夜寒」 10수는 만세운동의 쾌거와 그로 인해 수많은 사람들이 검거되어 감옥을 채운 상황을 대하고 국내외 모든 동포를 격려하고 구국의 희망을 피력한 시이다.[6]

56세 되던 1920년(경진년)에는 노동공제회를 설립했는데, 취지문을 통해 노동 착취는 망국의 근원이자 인류 멸망의 원인이라 비판하고 도동의 가치를 강조하며, 장차 노동을 통해 대동大同과 지치至治의 세상이 열릴

---

6) 류인식은 이 시에서 해외동포, 만주의 지사, 학술계 인사, 사회단체 인사, 상인, 노동자 등 각계각층의 인사들을 일일이 열거하며 만세운동의 쾌거를 기리고 격려하며 가장 추운 겨울 속에서 봄의 희망을 이야기하고 있다.

것을 기대하고 있다. 이듬해엔 한동의 7개 군을 연합해 중학기성회中學期
成會를 설립해 교육을 위한 기금을 모집했고, 1923년(계해년)에는 서울로
올라가 민립대학기성회民立大學期成會에 참여해 중앙집행위원에 피선되었
고, 경상도 일대를 순회하며 청년들에게 각자 종사하는 직업과 역할에
최선을 다하며 단결해 세계의 공영과 문명을 열어 가는 노력에 매진할
것을 격려하고 국가와 민족의 위기에 직면해 민족의식과 주인의식을 견
지하도록 했다.

  63세 되던 1927년(정묘년)에는 서울로 올라가 권동진, 홍명희 등과 신
간회를 조직하고 안동에도 지부를 조직했다. 이해 겨울 지병인 천식이
도져 투병하면서도 문병 온 사람들을 응대함에 평소처럼 국가와 민족이
처한 상황에 비분강개하며 교육과 민권 회복을 통한 구국의 중요성을
역설했다.

  이른바 교육이란 먼저 정신에서 비롯되고 이른바 정신이란 반드시 민권
  을 회복하는 것에서 비롯되네. 내가 처음 태어날 때 하늘이 능력을 부여
  해 주어 살게 해 주었으니 이것이 이른바 민권이라네. 이 권리는 임금이
  신하의 것을 빼앗을 수 없고, 아버지가 아들의 것을 빼앗을 수 없으며,
  형이 아우의 것을 빼앗을 수 없고, 남편이 아내의 것을 빼앗을 수 없
  네.…… 지금 우리 2천만 동포가 모두 주권을 잃었으니, 어떻게 슬피 울
  지 않을 수 있겠는가. 자네들이 노력하여 앞으로 나아가길 바랄 뿐이네.[7]

  이듬해 들어 병이 심해져 3월 10일 마침내 세상을 뜨니 향년 64세였

---

  7) 『국역동산유고』, 「附錄·略曆」, 399쪽.

는데, 부음이 전해지자 경향각지에서 조전이 끊이지 않았고 곡을 하러 모인 사람이 천 명이 넘었는데, 장례는 사회장으로 치러졌다.

　동산 류인식의 생애는 주요한 사건과 계기를 기준으로 크게 세 시기로 나눌 수 있다. 제1기는 출생한 1864년부터 과거에 응시해 현실의 벽에 부딪힌 1895년까지인데, 유학 가문에서 태어나 전통적 지식인들처럼 유교 경전을 대상으로 수학하며 과거를 통해 관로에 나아가 자신의 포부를 펼치는 것을 목표로 삼았고 을미사변에 대응해 의병기의에 참여하고 실패를 경험한 시기이다. 이 시기 그는 그들의 스승이나 선배들과 다름없이 전통 유학의 가치에 대한 변함없는 신념 아래 위정척사의 기치를 내건 보수 유림의 일원으로 가치관과 세계관을 견지하며 상응하는 실천의 길을 걸었다.

　제2기는 이로부터 39세 되던 1903년까지 약 10년의 시간으로 새로운 사상적 모색과 전환의 과정이었다. 이 기간 그는 과거로 대표되는 옛 제도의 모순과 점증하는 내외적 모순에 현실적 무기력을 드러내며 더 이상 현실의 위기를 구원하기에 불가능한 상태에 빠진 유학의 한계를 목도하며 유학유신의 뜻을 세우게 된다. 그러한 모색의 귀결로 찾아온 사상적 전환의 계기는 1903년 장지연, 신채호 등과의 만남에서 받은 충격과 중국으로 유입된 서구의 학문과 관련 책으로 접한 새로운 학문의 세계였다.

　제3기는 이로부터 1928년 세상을 뜨기까지의 시간으로 사상적 전환 이후 유학의 혁신을 주창하고 신학문의 수용을 통해 얻은 자각을 교육을 통한 계몽, 민권의 실현, 낡은 제도 타파 등의 실천운동을 펼치며 나라와

민족의 부강과 국원 회복에 매진한 시기이다.[8]

이상 「약력」에 나타난 내용을 중심으로 류인식의 생애를 따라가면서 서세동점과 약육강식의 광풍 속에서 암흑 같은 상황에 처한 국가와 민족의 운명을 구원하기 위한 류인식의 대응의 노력들을 살펴보았다. 주변의 비난과 손가락질에도 굴하지 않고 견결한 의지와 용기로 헤쳐 나갔던 그의 유교개혁, 교육을 통한 민지의 계발, 낡은 제도와 관습의 타파 등으로 자강을 도모하고 국원을 회복하려 한 필생의 목표는 끝내 성취되지는 못했다. 그러나 그가 좋아하고 저술 속에서 자주 인용한 『주역』의 가르침처럼 '사물의 운동변화는 그것이 정점에 이르면 다시 되돌아오기 마련이다'(物極必反). 그러한 이치에 대한 확신은 생애 마지막 순간까지 그의 용기 있는 실천을 고무했고 민족의 장래에 대한 희망을 포기하지 않게 했던 것이다.

「약력」은 이미 늙음에 이른 그의 모습을 언급하며 아무 이룬 것 없이 헛수고만 했다는 어느 벗의 힐난에 대한 그의 다음과 같은 대답으로 끝맺고 있다.

노력은 일신의 사사로운 계획이 아니고, 성공은 일시에 기필할 수 있는 것이 아니네. 내 비록 늙었지만, 내 아들은 현재의 청년이고 내 손자는 장래에 소년일세. 우리 형제 2천만 동포들도 각기 자식과 손자가 있으니, 우리 신조선新朝鮮의 소년들은 억만으로도 헤아릴 수 없다네. 내가 다하

---

8) 제3기의 구국을 위한 계몽운동의 활동은 성격에 따라 다시 나눈다면, 1920년까지는 주로 교육을 통한 구국활동기, 이후 사망한 1928년까지 전국적인 범위의 사회조직 설립과 운영에 참여한 구국활동기로 나눌 수 있다.

지 못한 노력은 후일의 소년에게 주어 그 노고를 이어 나가고, 내가 이루
지 못한 성공은 후일의 소년에게 주어 그 성공을 이루어 나갈 것이니,
내 어찌 늙는 것을 걱정하겠으며 내 어찌 늙기만 하고 이룬 것이 없음을
걱정하겠는가?[9]

2. '타파'와 '유신'의 유교혁신 구상

을미의병의 실패로부터 10년간의 시간은 동산 류인식에게 급변하는
국제 정세와 모순이 가중되는 이 땅의 현실에 눈을 뜨며 그에 대한 이론
및 실천적 대안을 찾아가는 과정이었는데, 그 결정적 출로는 서울에서의
신채호 등과의 만남과 그들로부터 소개받은 서학에 관한 다양한 지식정
보를 담은 서적이었다. 이후 그의 삶은 낡은 제도와 사상에 대한 '타파打
破'와 '유신維新'에 매진하는 것이었다.[10] 그것은 시대 상황에 대한 위기의
식과 그에 대한 유림 일반의 한계에 대한 자각에서 출발한다. 그러한 생
각은 그가 지은 시 「산재에서 여러 가지를 읊다」에서 잘 표현되어 있다.

파멸의 불길이 태평양 연안에 타오르니
세계정세가 이 나라를 잘게 부수었네.

---

9) 『국역동산유고』, 「附錄·略曆」, 402쪽.
10) 1919년 제자 이원박, 김동택이 찾아와 신구 학문의 절충에 대해 묻는 중에 "어른께
서는 입만 열면 타파해야 한다고 말씀하시고, 팔을 걷어 올리면서 維新을 이야기하
신 지 십여 년이 되었습니다"라고 류인식의 필생의 사업이 타파와 유신에 있음을
언급하고 있다.(『국역동산유고』, 「잡저·학범」, 325쪽)

슬프다, 우리 부여 민족이여
앞날이 점점 어두워지는구나.
......
마음이 미련하여 그저 옛것만 지키려 하고
식견이 좁아 각자 사익만을 꾀하네.
속된 사람은 부질없이 꾸짖기만 하네.
통달한 사람은 생각만 허비하누나.
한탄스럽네, 우리나라 선비들은
젊은 시절을 헛되이 보내는구나.[11]

류인식의 '타파'와 '유신'에 관한 생각은 시문, 편지 등 그의 저술을
엮은 유고 전편에서 산견되지만, 이를 체계적으로 살펴볼 수 있는 것은
「태식록太息錄」과 「학범學範」이고, 스승인 척암 김도화에게 보낸 편지에도
자신의 유학 개신과 신학 수용의 취지가 설득력 있게 제시되어 있다. 여
기서는 스승에게 보낸 편지의 내용을 참고하며 「태식록」과 「학범」의 내
용을 중심으로 류인식의 사상적 대응의 면면들을 살펴보고자 한다.
『동산유고』에 실린 이들 세 편의 글 중에서 김도화에게 보낸 편지가
가장 이른 시기 새로운 선택의 길로 나아가게 된 그의 생각을 볼 수 있
는 글이다. 이 편지는 협동학교 운영으로 대표되는 신학문의 수용과 교
육으로 인해 스승의 문하를 포함한 주변의 극심한 비난이 일어나고 드디
어 스승으로부터 절연을 통보받고 쓴 자기 변론 성격의 글이다. 그런 만
큼 상세하고 곡진하게 자신이 선택한 '타파'와 '유신'의 길에 대한 생각을

---

11) 『국역동산유고』, 「시·산재에서 여러 가지를 읊다」, 32쪽.

피력하고 있을 뿐 아니라 이후 그의 생애는 이러한 생각의 실천으로 관철되었다.

이 편지에서 류인식은 자신이 신학을 수용하지 않을 수 없었던 이유를 유학이 드러낸 현실적 폐단과 한계에서 찾고 있다. 우선, 유림이 민족과 국가가 처한 위기를 외면한 채 아무런 쓸모없는 학문에 매달려 있는 상황을 비판하다. 즉, 서당에서는 표책表策과 시부詩賦·병려문併儷文을 가르치고 있고, 사장가詞章家는 아름다운 구절을 꾸미는 데 빠져 있으며, 산림山林의 큰 학자는 어지러운 해설과 주석을 일삼고 리기理氣 문제에 천착하는 현실을 지적하며, 그것이 백성과 나라를 부강하게 하는 경세에 아무런 도움이 되지 않음을 비판한다. 즉, 민족과 국가가 약육강식의 냉엄한 현실에서 위기에 처해 있는데도 유학이 세상의 요구에 부응하지 못하고 과거공부와 사장학이 아니면 번다한 주석과 공소한 리기론의 논의에 빠져 있는 현실을 비판한 것이다.

그런 점에서 류인식은 자신이 배우고 교육하고자 하는 역사, 법률, 어학, 산술, 농학·상학·기하학幾何學을 근간으로 하는 신학문은 결코 유학의 도덕적 가르침을 해치는 이단의 사설이 아니라 오히려 공자의 육예六藝와 같은 것으로 삶을 윤택하게 하고 국제 교류의 현실에서 나라의 부강을 도모하는 데 도움이 되는 경세의 학문임을 강조한다. 이어서 그는 자신이 신학문을 추구하는 것이 민족과 국가의 위기 상황에서 유학의 출로와 관련해 방법론적 측면에서의 변화일 뿐 유학의 근본 가르침에 대한 신심은 그대로이고 스승에 대한 존모의 마음도 변함이 없음을 밝히고 있다.

지금 제 마음가짐은 바뀌었고 형식은 변하였습니다. 말과 행동이 전날의 제가 아니지만 오직 변하지 않은 것이 있다면, 따뜻하게 용서하고 측은해하는 마음과 솔직·질박하여 굽히지 않는 태도만이 예전의 저이며, 사문의 문하에 의귀하여 우러러 존모하는 마음이 줄어들지 않은 것은 다름이 없습니다.[12]

'전날과 달라진 그의 말과 행동'은 그간 믿고 의지했던 조선의 제도와 유학에 대한 일대 반성과 비판의 결과였는데, 이와 관련한 그의 구체적인 생각은 「태식록」과 「학범」에 담겨져 있다. 「태식록」이 '타파'하고 넘어서고자 했던 낡은 제도의 폐단을 주로 제시했다면, 「학범」은 그러한 제도적 폐단을 넘어서는 주체로서 유림 혹은 유림의 사상인 유학의 '유신' 방안에 관한 구체적 청사진을 담고 있다.

「태식록」은 낡은 제도와 유학의 폐단을 크게 세 부분, 즉 제1장 '정부의 부패를 논하다'(論政府之腐敗), 제2장 '유림의 부패를 논하다'(論儒林之腐敗), 제3장 '오늘날 민족의 책임은 전적으로 유림에게 있다'(今日民族之責專在於儒林)로 나누어 서술하고 있다.[13]

제1장에서는 과도한 군주권, 인재등용 문제, 당쟁의 폐해, 과거제의 폐단 등 총 10개 조항에 걸친 국가제도의 폐단들을 '타파'의 대상으로

---

12) 『국역동산유고』, 「서·척암김선생께 올리다」, 52~61쪽.
13) 류인식은 「太息錄」 저술 동기를 다음과 같이 밝히고 있다. 제도가 오래되면 폐단이 생기고 형식이 본질을 넘어서기 마련이어서 우리나라가 문명국에서 전락해 정부는 부패하고, 풍속은 혼탁해졌고, 선비들의 기운은 나약해졌고 학술은 고루해졌다고 한다. 그 결과 지금 20세기 동서충돌의 시대에 조선은 잠에서 깨어나지 못해 나라는 파괴되고 집안은 전복되었고 백성은 남의 노예가 되었기에 그 원인을 구명해 나라와 민족을 구하기 위해 「태식록」을 지었다고 한다.

제시하고 그 원인과 폐해의 구체적 상황을 설명하고 있다. 제2장에서는 경학, 과거지학, 서원의 폐단, 물질에 대한 경시 등 총 8개 조항에 걸쳐 당시 유학의 폐단을 제시하고 이를 허虛와 실實, 진眞과 위僞의 대비 아래 허위虛僞적 요소들을 분석하고 있다.[14]

제1장에서 주목할 만한 것으로는 제도의 폐단을 열거한 여러 조항에서 그것을 해결하는 대안으로 신학문과 그에 의거한 교육의 시행을 주장하고 있다는 점이다. 우선 제3항 '당론의 화'에서는, 조선시대에 와서 문치를 숭상한 결과 안목이 좁아져서 각자 자신들의 스승을 높이고 그 아래 문도들끼리 모임으로써 당론이 생기고 그 폐단이 극에 이르렀다고 분석하고 있다. 그는 그 해결 방안으로 청년들 대상의 신학문 교육을 통해 낡은 관습의 답습을 끊고 새로운 조류를 받아들여 안목을 넓히고 개방적인 마음으로 세계를 이해하고 민족의 문제를 공부하게 해야 한다고 주장한다.[15]

또한 제5항 '무력의 대비가 소홀함'에서는 조선시대는 쇄국의 시대라 무를 소홀히 하고도 나라를 유지할 수 있었지만 지금은 그렇지 않아서 "유학생을 파견하여 무예를 마치지 않는다면 자질 있는 장수를 얻을 수 없고, 만약 학당을 널리 설치하여 병식兵式을 가르치고 훈련하지 않는다면 군인을 얻을 수 없으며, 만약 서양 제도를 모방하여 탄환을 제조하지 않는다면 무기를 얻을 수 없을 것이다"라며 국방의 측면에서 신학문의

---

14) 본고에서는 「태식록」의 내용 중 주로 유림의 폐단과 관련한 제2장의 논의들을 중심으로 살펴봄으로써 이어서 「학범」에서 제시하고 있는 유학 유신의 취지를 이해하는 토대로 삼고자 한다.

15) 『국역동산유고』, 「잡저 · 태식록」, 285쪽.

필요성을 강조하고 있다.

제6항 '과거의 폐단'에서는 과거는 후대에 와서 교묘한 문장과 번지르르한 자구로 글을 꾸미는 경쟁으로 전락했고 그마저도 공정한 선발의 원칙이 무너져 청탁과 뇌물이 오가는 나라가 망하는 원인이 되었음을 비판한다. 그는 그러한 과거제 폐해를 막는 방법으로 학교를 널리 세워 인재를 교육하고 서양의 경우처럼 성적이 우수한 자를 발탁할 것을 주장한다.

다음으로 제2장 '유림의 부패를 논함'에서는 당시 유학과 유림들이 노정한 폐단들을 모두 8조목에 걸쳐 비판하고 있는데, 그것은 대체로 당시 유학이 빠진 학문 방법의 오류, 학문 목표 설정의 오류, 학문의 자유 억압 등의 문제를 다루고 있다.

우선 그는 당시 유학자들이 매달렸던 주된 공부인 경학과 과거지학이 유학 공부의 본래 취지를 상실한 것을 비판한다. 유학은 존덕성尊德性과 도문학道問學을 겸하여 추구하려는 학문임에도 주자의 육구연의 공부 방법에 대한 비판 이래로 그를 따르는 학자들이 도문학에 치중해 훈고와 주석만을 일삼고 마음 다스리는 공부를 도외시하게 되었고 당시에 와서는 마침내 목적의식을 상실한 구이지학口耳之學에 빠지게 되었다고 비판한다.16) 그에 따르면 경학의 폐단은 여기서 그치는 것이 아니다. 그는 경전에 대한 자유로운 해석을 금기시하고 하나의 통일적 견해만을 강요해 거기서 벗어나면 사문난적으로 배척함으로써 학문의 발전을 막고 백

---

16) 류인식은 여기서 서애 류성룡을 거론하며 그의 타고난 총명함과 넓은 식견으로 서책에 매몰되는 공부를 반대하고 心法을 중시했음을 강조한다.

성들의 지혜를 막는 경학 해석상의 획일화가 지닌 폐단도 아울러 비판하고 있다.[17]

경학의 폐단 못지않은 것이 과거지학의 폐단으로, 오로지 합격만이 목적이어서 경전의 본뜻을 캐묻기보다 교묘하게 문장을 짓기를 추구하도록 하고 선비들로 하여금 평생의 정력을 여기에 소모해 늙어 가게 하는 것이라 비판한다.

경학과 과거지학 모두 번쇄한 훈고와 주석에 빠지게 해 선비의 내면적 능동성과 실천력을 약화시키고 평생토록 이루지 못할 목표에 모든 정력을 소모하게 한다는 점에서 비판한 것인데, 양지와 지행합일설을 중심으로 양명학을 거론한 것은 실천력을 상실하고 무기력에 빠진 유학에 대한 각성의 계기를 양명학에서 찾은 결과라고 볼 수 있다.[18]

세 번째로 지적한 '유현 숭배'의 폐단 역시 당시 학자들의 위축된 포부와 태도를 비판한 것이다. 즉, 선현의 학문과 경지가 아니라 그의 사회적 배경이나 지위 등을 보고 따르며, 배움에 있어서도 마음 다스리고 세상 구제하는 공부에는 관심을 두지 않고 말단적인 장구에만 치중한 결과 선비가 많으면 많을수록 세상이 혼탁해진다.

류인식은 유림의 폐단의 하나로 당시 심각해진 서원의 문제를 지적

---

17) 경학 해석상의 획일화와 관련해 그는 조선의 경우 선유들의 저술이 많지만 결국 『주자서절요』와 『퇴계집』의 등사본에 지나지 않다고 극단적으로 평가절하하면서 이 같은 학문의 획일화로 백성들의 지혜를 막는 것이 나라의 멸망과 민족의 멸종을 초래하는 원인이라고 한다.
18) 이는 비단 류인식뿐 아니라 당시의 다수 선각적 유학자들에게서 공통적으로 찾아볼 수 있다.

하고 비판한다. 그에 따르면 서원의 설립 취지는 어진이를 높이고 인재를 기르는 것인데 인재를 기르는 기능은 실종되고 제향 기능만 남게 되었음을 비판하고, 제향에 있어서도 여러 서원에 중복해 제향하는 폐단에다 제향 기준도 학문과 덕행보다 문도와 자손의 세력에 좌우됨으로써 사사로운 사당私廟으로 전락하거나 심한 경우 음사淫祠가 되어 버렸다며 비판한다. 또한 한 서원에 여러 선현을 제향한 경우 문도와 후손들이 제향 인물의 고하와 위차의 선후를 두고 다투며, 향교나 서원의 운영에 있어서도 유력 가문 출신이 아니면 비록 인품이 높더라도 참여에서 배제시키며 백성들을 부리고 수탈하여 원망의 근원이 되었음을 지적한다.

류인식은 '호가의 전제'(豪家之專制)에서는 계급제에 따른 신분의 차별과 사족계층의 서민에 대한 착취를 비판하면서 사민평등관을 피력하고 있다. 즉 사람은 누구나 오상五常을 품부받은 존재로 존귀한 존재임에도 신분제에 의해 나라의 백성이 아닌 사족의 백성으로 사유화해 서원과 향교에서 자의적으로 백성을 부리는 폐단을 비판한다. 그런 인식하에 갑오년 동학농민의 봉기가 결국 국망으로 이어졌음을 지적한다. 그가 노비해방과 서얼차별의 폐지를 주장하고 그 실천에 나섰던 것은 이러한 인식의 발로였다.

'가정교육의 범위가 좁은 것'(家庭敎育範圍之狹窄)과 관련해서는 원래 유학의 교육은 관학을 중심으로 덕성을 배양하고 국가에 필요한 인재를 양성해 교화를 이루었는데, 사학의 성행으로 개인과 가문의 영달을 위한 과거공부에 매몰됨으로써 국가를 위한 계책은 실종되고 학자들이 백성의 고통을 도외시하게 되었음을 지적한다. 따라서 선비의 기운을 북돋우고 국가를 위한 인재 양성을 위해서는 과거공부로 협애화된 교육을 확대해야 하며, 그 최선의 방법은 학교를 설립해 신학문을 포함한 실용의 교육을 실시해야 하는 것임을 강조한다.

'재물 생산을 소홀히 함'(薄生財)에서는 물질적 생산에 대한 경시를 비판했는데, 재물은 사람이 의지해 살아가는 토대이자 나라의 다스림의 토대임을 강조했다. 이는 의리義利의 구분에 의거해 물질적 요소를 욕망을 촉발해 도덕적 수양에 방해가 되는 것으로 간주한 전통적 관념이 초래한 폐단에 대한 비판이다. 류인식은 물질 중시의 입장에서 맹자의 사민론四民論에 의거해 정신적 활동의 사士 계층 못지않게 물질적 생산과 유통에 종사하는 농공상農工商 계층의 중요성을 강조하고 조선 국망의 원인 중의 하나로 농공상 계층에 대한 천시를 지적한다. 그는 농공상을 장려하기 위해 학교를 설립해 서양의 새로운 학문을 가르치고 사족의 자녀들도 이에 종사하게 함으로써 나라의 부강을 도모할 것을 제안한다.

류인식은 이상의 8조목에 걸친 '유림의 폐단'을 총결하며 그 본질이 허실虛實과 진위眞僞 중에서 허虛와 위僞를 추구하고 숭상한 결과였다고 비판한다. 그는 조선의 역사를 개괄하면서 조선의 건국으로부터 성종 대까지는 국가의 제도와 유림의 학문이 실實과 진眞을 추구함으로써 나라가 흥성했지만 인종 연간 이후 제도가 경화되고 학문도 과거와 문장 짓기 및 답습적 장국지학章句之學으로 흐르고 쇠약해져 허虛와 위僞에 빠진 결과 나라가 쇠망의 길로 접어들었음을 지적한다.

정부를 들어 말해 보자. 녹봉과 자리만 탐하고 나라와 백성은 생각하지 않으니 정당은 하나의 허위이고 세신世臣은 하나의 허위이다. 재능을 따지지 않고 벌열만 높으니 인재 등용은 하나의 허위이고, 과거 보는 선비라고 하면서 사사로운 감정으로 이익을 추구하니 과거제도는 하나의 허위이다. 복록만 축내고 아무런 성과가 없으니 학자는 하나의 허위이고, 무인의 직책을 대대로 이어받으며 병법을 익히지 않으니 무반은 하나의 허위이다. 군정軍政은 하나의 허위이고 전부田賦는 하나의 허위이며, 법률은 하나의 허위이고 우문右文은 하나의 허위이다.

향당을 들어 말해 보자. 문장을 찾고 구절을 따올 뿐 시세를 알지 못하니 경학을 연구하는 이는 하나의 허위이고, 기교를 부려서 시끄럽게 다투는 데만 힘쓰니 과거를 준비하는 사람은 하나의 허위이다. 서원은 하나의 허위이고 교육은 하나의 허위이며, 예의풍속은 하나의 허위이고 문자는 하나의 허위이다. 종교와 역사, 풍속과 사기士氣도 어느 것 하나 허위가 아닌 것이 없어서 실제적인 말과 참된 일은 아득하여 볼 수 없다.[19]

비록 허위가 횡행해 나라와 민족의 운명이 백척간두에 처한 상황이지만 류인식은 회생의 희망을 이야기한다. 『주역』의 "궁하면 변하고 변하면 통한다"[20]는 말을 인용하면서, 오늘의 허위가 극에 달한 것은 오히려 진실 회복의 조짐이며 그것은 우리가 어떤 이상을 품고 우리가 어떤 정신으로 노력하느냐에 달려 있음을 말하고 그 사명이 유림에게 달려있음을 강조한다.

마지막 장인 '오늘날 민족의 책임은 전적으로 유림에게 있다'는 그런 점에서 「태식록」 전편에 걸쳐 비판한 정부와 유림의 폐단을 고치고 민족

---

19) 『국역동산유고』, 「잡저・태식록」, 320쪽.
20) 『주역』, 「계사하전」.

의 운명을 새롭게 열어 갈 여망을 유학자들에게 부여하고 있다. 그는 전근대 시기 민족의 흥망은 정부의 책임이지만 20세기에 들어와 그 책임은 전적으로 지식인들에게 있음을 서구와 일본, 중국의 사례를 들어 강조한다. 그리고 그 방법은 유림의 지식인들이 선각자가 되고 지도자가 되어 신교육을 통해 인재를 육성하고 백성들의 지혜를 깨우쳐 구국의 길로 나아가는 것임을 제시한다.

1920년에 완성한 그의 또 다른 주요 저술인 「학범學範」은 "구파舊派는 걸핏하면 신학을 업신여겨 배척하고 신진파는 또 구학을 타매唾罵하는" 상황에서 낡은 제도와 옛 유학의 폐단을 '타파'하고 나아갈 '유신'의 방안을 학문 방법의 측면에서 제시한 것이다. 청년 지식인들이 힘써야 할 내용을 '동서고금의 격언과 지론至論'을 인용해 유신의 방법론을 내놓은 것이다.

「학범」은 '입지立志'로부터 '종교사상'에 이르기까지 총 15개의 조목에 걸쳐 새로운 시대의 학문 방법을 제시하고 있는데, 각 조목별로 한결같이 먼저 공자와 북송의 이정을 비롯한 학자들에 이르기까지 관련된 언급을 인용하고 그것을 오늘의 시대에 배우고 실천하는 방안들을 제시하고 있다. 인용하는 인물로는 선진유학의 경우 공자, 안자, 증자, 맹자로부터 송명대의 정이천, 소옹, 주희, 왕수인이 있고, 조선유학의 경우 서애 류성룡을 거론하고 있다. 또한 유학의 경전으로는 사서四書와 『주역』, 『시경』, 『서경』의 내용을 인용하고 있다.

인용하고 있는 내용에 있어서는 그가 타파하고자 한 사장詞章과 장구학章句學, 과거학科擧學의 말폐로 빠져들기 이전 유학의 실용 중시의 경세와 내면의 도덕적 실천성을 기르는 수양 관련 언급들을 중심으로 인용하고 있다.

이를 통해 「학범」이 지향하는 바가 시대의 문제를 외면하고 공소한 이론 위주의 학문에 빠진 당시 유학의 폐단을 넘어서 시대의 요구에 부응하는 진실眞實의 본래 면목을 회복하고 신학문의 보완을 통해 시무時務에 기여함으로써 구국을 도모하려는 데 있음을 보여 주고 있다. 이를 통해 그의 유학 유신의 주장이 유학 자체의 부정이나 청산이 아니라 어디까지나 당대에 이르러 말폐를 드러낸 유학을 개신하는 것이고, 따라서 유학을 근본에 두고 실용과 시무의 측면에서 장점을 지닌 신학문의 수용을 말하고 있음을 알 수 있다.

전체 15조목 중에서 '입지立志'에서 '치신治身'에 이르는 8조목은 전통적 분류에 따른다면 내면의 덕성을 기르는 수양론에 관한 내용이고, '독서讀書', '궁리窮理', '학문學文' 세 조목은 수양과 지식의 확장을 위한 공부 방법론에 관한 내용이고, '합군合群', '경세經世', '이상理想', '종교사상宗教思想'은 덕성의 함양과 지식의 배양을 통해 이룬 성취를 사회적 실천으로 펼쳐 내는 경세經世에 관한 부분으로 볼 수 있다. 그 가운데 류인식의 '유신'과 밀접한 관련이 있는 내용을 중심으로 일별해 보자.

류인식은 선비들의 '입지立志'와 관련해, 나라의 멸망, 민족의 쇠약, 학술의 열등의 원인을 찾아 이를 회복하는 것을 자신의 목표로 삼아야 함을 강조한다. 지식인들의 사회적 책임과 그에 따른 사명의 자각이 모든 인식과 실천의 출발점이 되어야 함을 말한 것이다. '양심養心'은 그러한 입지에 바탕해 내면의 공부를 말한 것인데, 류인식은 공자와 자사 그리고 맹자가 강조한 마음을 기르는 공부가 후대에 와서 문장을 짓고 장구를 분석하고 해석하는 세대에서 약화됨으로써 학자들이 성리설과 경학에는 밝아도 현실의 일에 대한 대응과 처리에 무력하고 무능함에 빠지게 되었음을 지적하며 그 원인으로 주자학에 와서 육구연의 마음을 기르는 존덕성의 공부를 불교에 가까운 것이라 배척한 데 있다고 분석한다.

> 후세의 유자儒者들이 이것을 버리고 '존덕성'을 선종禪宗이라거나 육학陸學이라고 지목하여 마음을 다스리는 데에는 전연 깜깜한 채 엉성한 문장과 자잘한 의미 따위에나 사로잡힘으로써 본원은 없어져 버렸다. 비록 경사자집經史子集의 서적을 널리 보고, 리기理氣와 성정性情의 학설을 세밀히 분석했다고 하더라도 현실적인 일에 봉착하면 마음은 재가 되고 기맥은 식어서 손발을 어디에 두어야 할지 몰라 허둥거린다.21)

따라서 류인식은 선비들에게 하루 중에 반드시 내면에 침잠해 마음 기르는 공부를 실천함으로써 "세상사를 처리하는 데에 있어 마음이 안정되고 정신이 여유로워져서 스스로 막히고 응체凝滯될 근심이 없게" 할 것을 권하고 있다. 또한 그는 '윤리학'에서 내면의 마음 기르는 덕성공부의 중요성을 강조하며, 그것이야 말로 유학의 가장 큰 장점이며 조선유학의 장점도 여기에 있다면서 특히 신학문에 종사하는 신진학자들이 윤리 문제의 중요성, 내면의 덕성 함양의 중요성을 망각하지 말 것을 당부한다. 이것은 당시의 '유신維新'의 사업에 종사하는 젊은 학자들이 수구守

---

21) 『국역동산유고』, 「잡저·학범」, 328쪽.

舊를 배척하고 타파打破를 주창하는 중에 흔히 사회와 마찰함으로써 유신의 정당성과 추진력을 상실할 것을 경계한 것이다.

이어서 그는 유신에 종사하는 지식인들의 수양에 있어서 지향해야할 덕목으로 공동체 의식(公德心), 진실한 마음(熱誠), 군센 의지력(毅力), 포용력(含蓄)을 지닐 것을 강조하고 있다. 그에 따르면 조선의 국망의 원인 중의 하나가 공동체 의식의 결여 때문이므로 반드시 공익을 앞세우고 사욕을 뒤로 돌리며 국가를 앞세우고 개인을 뒤에 둘 것을 강조한다. 또한 그는 중용의 "진실됨은 하늘의 도이고, 진실됨을 추구하려는 것은 사람의 도이다"라는 구절을 인용하며 동서양을 막론하고 큰 성취를 이룬 바탕에는 진실된 마음이 있었기에 가능했다며 경계하고 있다. '군센 의지력'은 당시의 약육강식의 냉엄한 현실에서 민족의 생존을 도모하고 출로를 모색하는 과정에서 직면할 어려움과 고통을 언급하면서 "눈앞에 오직 하나 도리道理만을 보고 가슴속에 오직 하나 정신精神만을 수양하여, 생사고락死生苦樂과 시비훼예是非毁譽에도 좌절하거나 흔들리지 않"는 의연한 마음의 힘을 강조한다. '치신治身'과 관련해서는 '입지立志'에서 출발해 내면의 수양을 통해 선비의 몸가짐이 믿음성을 갖추어야 말과 행동이 관철될 수 있음을 강조하고, 특히 지금과 같은 외국과의 교류에 있어서 국익 실현의 관건이 됨을 강조한다.

류인식은 '입지'로부터 치신에 이르는 내면의 수양(尊德性)에 지식의 도움이 필요함을 강조하면서 그 주된 방법으로 '독서'와 '궁리', 그리고 '학문學文'의 필요성을 제시하고 있다. '독서'에 있어서 그는 여전히 유가 경전에 대한 독서를 기본으로 하되 여기서 그쳐서는 안 되고 나라의 역사에 관한 서적을 읽고 나아가 서양 학문의 지식에 대한 독서를 겸할 것을 강조한다.

> 지금 학문을 하려는 자가 있다면 이래야 한다. 먼저 경전 중에 하나를 택해서 완전히 능통하게 익혀서 기본이 되게 하고, 다음으로 치신治身과 정치·학술에 가장 관련이 있는 다른 서적을 골라 책 전체에서 어떤 편목 篇目을 택하고, 전체 편목에서 어떤 구절句節을 택하여 외우며 읽을 자료 로 삼아야 한다. 또 서양의 역사서를 취하여 그 연대의 연혁과 학설의 변화, 정치의 손익과 민족의 관계 등을 참고하여 한문漢文과 상호 고증하 고, 동이同異와 득실得失의 관계를 살펴서 동서양의 학술과 정치가 가슴속 에 환하도록 해야 한다.[22]

독서와 관련해 그는 우리나라의 역사에 관한 의식과 지식의 결여가 망국의 원인임을 지적하며, '국가의 정수精髓'인 역사, 지리에 관한 지식 을 독서를 통해 익혀 "광명하고 위대한 조국의 역사와 탁월하고 위대한 선현의 실천을 다음 세대에 선양宣揚"할 것을 강조한다.

'궁리'를 통한 격물치지格物致知는 성리학에서 가장 중요한 공부방법 론으로 제시된 것으로 류인식 역시 궁리를 통한 지식의 확장을 강조한 다. 다만 그는 "속된 유자儒者들은 격물치지의 학문이란 단지 경전의 뜻 을 궁구한다는 것에나 끌어다 붙이고, 글귀나 찾고 뒤지다가 정신이 피 로해지고 고갈되기 때문에 실질적인 이치를 터득하지 못한다"고 비판하 면서, 서양의 궁리를 배울 것을 강조한다. 그것은 독서를 통한 궁리의

---

22) 같은 책, 337쪽.

한계를 벗어나, 크게는 우주의 현상으로부터 작게는 생물학의 미시세계에 이르고, 깊게는 정신현상으로부터 얕게는 일상의 음식을 망라해 얕은 곳에서 깊은 곳으로, 가까운 것에서 먼 것에 이르기까지 지식 탐구의 범위를 확장한 궁리의 제안이다.

'학문學文'은 한글의 우수성을 들어 지식의 습득과 보급에 그것을 적극 활용할 것을 제안한 글이다. 그에 따르면 변화된 시대의 실용적인 지식의 전달과 보급에는 "의미가 소통되고 이치가 순조로운" 것이 중요하고 그런 점에서 한글은 우수한 문자라는 것이다.

> 우리 한글은 가장 간단하여 공장의 여직공이나 꼴 베는 아이라도 반나절만 가르치면 능통해지며, 지저귀는 새소리나 개 짖는 소리 같은 목소리를 형용하는 데도 두루 모두 꼭 들어맞으니, 참으로 세상에서 드문 보배이다.…… 오늘날 민지民智를 발달시키고 국혼國魂을 회복하려면 모름지기 한글로 널리 보급할 수 있으며, 학자는 마땅히 한글에 뜻을 두고 문법을 배워서 익혀야 한다.23)

이상과 같은 격물궁리를 포함한 내면의 덕성함양과 지식의 확장을 도모한 후 사회적 실천으로 옮겨 가야 하는데, 다음으로 제시한 '합군合群'과 '경세經世'가 그것이고, '이상理想'과 '종교사상'은 그러한 실천의 효과를 확장하는 요건들로서 제시되고 있다. '합군'은 단체의 결성을 통한 사업의 도모를 말한 것인데, "나이가 서로 비슷하고 뜻과 하는 일이 서

---

23) 같은 책, 340쪽.

로 같은 이를 골라서 모임을 결성하여 착한 일은 서로 관찰하고 과오過誤는 서로 규제하며, 쉬운 일 어려운 일을 함께하고 지식을 교환하며, 현명한 이를 본받고 어리석은 이를 가르치면서 향리로부터 나라 전체에까지, 작은 군집으로부터 큰 단체까지 2천만 사람이 함께 한 무리가 된다면, 열국列國에 대항할 수 있고 다른 종족種族을 대적할 수 있을 것"임을 강조했다.

'경세'와 관련해서 그는 공자와 맹자의 사적을 들어 유학의 본령이 경세에 있음을 분명히 한다. 그럼에도 불구하고 후대의 유학자들이 경전의 독서에만 매몰되거나 자신의 한 몸만을 닦으며 경세의 노력을 소홀히 한 것을 비판한다. 특히 국가와 민족의 위기 상황인 당시에 세상을 구제하는 것을 외면하는 것은 공맹의 뜻에서 벗어난 것이므로 유학자라면 모름지기 경세를 첫 번째 과제로 삼아 배우고 실천해야 함을 강조한다.

'이상'편에서는 근세 서양의 다윈, 루소 등 탁월한 업적을 남긴 인물들은 한결같이 사회와 세계에 관한 이상을 품어 그러한 성취를 이루어 내었음을 들어 신진유학자들이 배움과 실천에서 이상을 지닐 것을 강조했다.

마지막 '종교사상'에서는 공자의 가르침인 공교孔教를 신앙의 믿음으로 삼아 국가와 민족의 위기를 구원하는 동력으로 삼아야 함을 강조하고 있다. 공자의 가르침은 모든 가르침 중에 으뜸이고 우리나라도 이를 신봉하고 실천함에 가장 앞장서 동방예의지국으로 일컬어졌다는 점에서 유학을 국수國粹라고 지칭하면서, 근세 이후 그러한 공자의 가르침이 현실을 구제하는 데 무력성을 드러낸 것을 비판한다. 유학과 달리 현실의 실천을 통해 사회를 변화시키려는 노력에 매진한 것이 불교, 천도교, 대종교 등이었음을 들어, 이는 유교가 다른 가르침보다 열등해서 그런 것이 아니라 그것을 믿고 따르는 이들의 문제임을 지적한다. 따라서 무기력에 빠진 유학을 떨쳐 일어서게 하는 것은 공자의 가르침을 신봉하는 것을 주지로 해서 타 종교에서 석가모니나 예수에 대해 지니는 믿음으로 국가와 민족을 구원하는 동력으로 삼아야 함을 강조한다.

3. 현실에 부응한 선택의 의의

동산 류인식이 살았던 시대는 기존의 정치체제 및 사회적 관계의 일대 재편 및 해체의 과정이었다. 그것은 동시에 그러한 제도와 관계를 지지하는 이념적 토대였던 유학의 재편 및 해체의 과정이기도 했다. 특히 사상의 연속성이라는 관점에서 볼 때, 비록 내적으로는 계승과 절충 그리고 부정 등 다양한 분화 양상을 보이고 외적으로는 대체 혹은 극복이라는 차이가 있지만 크게 보아 그것은 전통사상인 유학의 분화로 귀결된다.

이 점은 류인식의 생애 속에서 드러난 시대 인식과 대응에서도 그대로 목격된다. 그는 을미의병의 시기까지는 그들의 스승이나 선배들과 다름없이 변화하는 현실에 맞선 유학의 비타협적 묵수인 위정척사의 입장에 섰고, 이후 급변하는 현실에 대응하기 위해 유학의 혁신과 서구 학문의 수용을 통한 사회적 실천에 매진했다.

류인식의 경우에서 드러난 시대의 변화에 따른 유학적 대응 양상의 전환에서 우리는 두 가지 사상적 특징을 발견할 수 있다. 그것은 유학의 실용성과 유학자들의 주관적 능동성의 강조이다. 이는 폐쇄적이고 따라서 자족적인 체제에서 주도적 사상으로서 배타성을 지닌 채 기능했던 유학이 근대전환기의 외재적 충격에 직면해 대응하는 과정에서 체현하게 된 공통적 경향성이다. 우선, 실용성의 강조는 서구의 기술과 무력이라는 현실적 힘에 대응할 수 있는 객관적 역량의 강화의 필요성에 의해 제기된다. 전통적 개념인 기器로 포괄될 수 있는 물질적 역량의 강화라는 실용 중시를 통한 자강自強의 길이 그것이다. 류인식의 경우 이러한 경향성은 특히 공자의 경세 중시의 회복, 서구의 학문과 문물제도의 도입을 통한 현실적 역량의 강화에서 두드러진다. 그런 점에서 류인식의 유교 유신의 핵심은 유학적 경세 중시의 회복을 주선으로 하는 혁신과 서학의 수용을 통한 유교적 경세의 보완과 확장이라고 할 수 있다.

　　주관적 능동성의 강화는 서구의 기술과 무력이라는 압도적인 힘의 현실 앞에서 국가와 민족의 존속과 부강을 모도하기 위한 정신적 역량의 회복이다. 이를 위해 류인식은 과거지학, 장국지학으로 인해 번쇄한 도문학道問學인 경학經學에 매몰된 당시 유학계를 비판하며 내면의 마음을 다스리고 덕성을 키움으로써 현실 타개의 역량을 확보하려 한다. 류인식이 주자학 말류의 도문학 강조에 따른 번쇄한 경학 추구가 지닌 문제점을 비판하며 육왕학의 존덕성 중시에 주목하고, 종교사상을 강조한 것도 그러한 취지에서 이해 가능하다.

제6장
해창 송기식의 유교종교화

1. 송기식의 시대 인식

송기식이 유교혁신의 핵심 방향으로 제시한 유교의 종교화는 유학적 가치를 고수하는 위정척사에서 출발해 동도서기적 절충에 의거한 서구의 과학과 제도의 수용을 전제한 교육계몽을 거쳐 이른 최종적 결론으로, 그가 겪은 시대적 상황의 변화에 따른 인식과 대응의 결과라고 할 수 있다. 이는 그 자신만의 독자적 인식과 실천의 변화가 아니라 19세기 말 20세기 초 퇴계학파의 일원으로서 함께 걸었던 경로였다. 즉, 김흥락과 그의 문도들은 이러한 시대를 살면서, 그들이 계승한 퇴계학의 학문을 통해 시대의 문제에 대응하게 된다. 따라서 대산 이상정과 정재 류치명 학맥을 계승한 그의 스승인 서산 김흥락과 그 문도들의 현실 인식과 대응의 변화 양상을 일별하는 것은 송기식의 유교종교화의 구상이 나타나게 된 배경을 이해하는 데 필수적이다. 조선의 개항을 통한 서구문명의 유입과 일본의 침략에 대응해서 나타난 김흥락과 문도들의 최초의 대응은 위정척사에 입각한 의병기의였다. 1895년 을미년 8월에 일본에 의한 명성황후 시해에 이은 단발령이 내려오자, 김홍락은 병중에도 불구하고 의병기의에 주도적으로 참여했다. 그러나 얼마 후 군사를 파하라는 임금의 명령이 내려옴에 따라 문을 닫고 침잠해 다시 성현의 가르침에 따라 학문과 내면의 수양에 전념하게 된다. 이후 1899년 10월 병이 위중해진 김홍락은 나라의 문호를 보존하고 지켜 가는 방법을 묻는 제자들에게 『주역』 기제괘旣濟掛 육사六四의 효사爻辭를 인용하여 "물이 새는 곳에 걸레를 두어 종일을 경계하는 것은 뱃사람이 걸레로 새는 배를 막는다는 것으로 『주역周易』에 나온다. 이것을 예비하고 근심을 막는 도로 삼아야 한다"고 함으로써 나라의 문호를 개방하는 데 반대하는 입장을 분명히 한다.[1]

김홍락의 문인들 가운데는 침잠해 학문 연찬과 강학에 힘을 쏟아 문집을 남긴 인물도 있고, 과거에 올라 사마시와 문과에 급제한 인물들도 적지 않았다. 그러나 시대는 이미 조용히 앉아 학문에만 침잠하도록 내버려 두지 않았다. 특히나 그들이 스승에게 배운 바는 학문은 말을 위한 것이 아니라 실행을 위한 것이고, 일상의 동정動靜 간에 늘 깨어 있는 의식과 마음 상태인 경敬에 의거해 배움을 추구하고 배움은 반드시 실천으로 귀결되어야 한다는 가르침이었다. 그러한 가르침에 훈도된 문인들이 목도한 당시의 현실은 스승의 말대로 '죽고 사는 갈림길'인 의義와 리利 사이에서 의연히 의義를 따르는 실천을 요구했고, 그것은 그의 문도들이 대거 의병투쟁에 참여하는 것으로 나타났다.

---

1) 『西山集』, 부록, 권1, 「年譜」.

김흥락이 작고한 뒤 항일투쟁은 그의 제자들의 몫으로 넘어갔다. 김흥락 문인들의 현실 대응은 위정척사의 기치를 내건 의병활동에서 교육사업을 중심으로 한 계몽운동을 거쳐 3·1만세운동으로 집중되고, 이후 1930년대까지 만주지역을 중심으로 한 독립운동으로 이어진다. 문도들의 의병활동은 1905년 을사늑약의 체결에 이은 1910년의 경술국치로 국운이 결정적으로 기울고 그에 반해 유학에 의한 현실의 모순의 타개가 난망해짐에 따라 다양한 선택으로 갈라지게 된다. 즉, 1910년 국권의 상실과 더불어 문도들은 국내외에서 항일투쟁을 포함한 다양한 현실 대응에 나서게 된다. 협동학교를 운영하던 김대락과 김동삼 그리고 대한협회 안동지회를 주도한 이상룡, 성주의 이승희 등이 각기 만주 등지로 옮겨가 독립운동과 항일투쟁에 참여했다. 또한 국내에 남은 문인들은 3·1운동과 파리장서에 참여하는 것으로 일본에 항거했다. 송기식과 이상동은 3·1운동에 참여했고, 이중업, 류연박, 권상원, 송준필 등은 파리장서에 참여했으며, 이승희는 한흥동 건설에 참여했다.

이제 이들은 유학적 가치를 수호하고 이단인 서양의 문물과 제도를 배척하는 배타적 태도에서 벗어나 교육, 제도는 물론이고 새로운 사조 등 서구 문물의 수용을 통해 현실에 한계를 드러낸 유학을 보완하고 독립을 위한 자강의 역량을 키우려는 시도를 하게 된다. 이러한 모색의 근저에는 동양의 가치 즉 유학(東道)을 지키되 서양의 문물(西器) 수용을 통해 이를 보완하려는 동도서기(東道西器)의 사고가 놓여 있다. 이들의 이러한 선택은 유학적 가치에 대한 신념은 그대로 지닌 채, 그 이전 스승인 김흥락의 서구 문물에 대한 배척적 태도와 달리 서구적 교육제도 등의 도입을 통해 유학적 가치의 현실적 대응을 모색한 결과이다. 기본적으로 그 것은 동도서기적 입장으로의 선회였다. 즉, 유학적 가치에 대한 신심을 지니되 유학적 가치를 내면화하는 수양과 전통적인 학문만을 통해서는 당시의 문제를 타개할 수 없음을 자각한 새로운 모색의 결과였다. 또한 그것은 전통적으로 유학이 추구하던 치국평천하의 사회적 기능을 시대 의 변화에 부응해 서구의 제도와 사조를 수용하고 새로운 서구식 교육과 계몽을 통해 실천하려는 모색이기도 했다.

송기식의 서간을 중심으로 시대 상황에 대응한 현실 인식과 유학관 의 변화를 살펴볼 때, 20대 후반까지는 전통적 유학자로서 보편적인 성 리학적 공부에 치중하고 있는 모습을 볼 수 있다. 예를 들면, 1898년 스 승인 김홍락에게 보내는 편지에서는 『대학』을 읽고 있음을 아뢰면서 "의리가 심오하고 문리가 긴요한 곳에 이르러서는 실로 주석을 보고서 궁구하여 찾으려 하지 않고 우선 익숙하게 읽어서 세월이 쌓이기를 기다 립니다. 그러나 스스로 모호한 의사意思를 면하지 못하여 몹시 두렵습니 다. 또 주자의 대학 독법은 문세가 서로 떨어져서 암송하기가 매우 어렵 고 근방에는 물을 곳이 없어서 나름대로 구두句讀를 어떻게 끊어 읽을지 골몰하느라 참다운 맛을 모르고 있으니 한스럽고 한스럽습니다"라며, 유 학 경전의 의리 파악과 공부 방법 속에서 고민하는 모습을 보여 주고 있다.[2) 또 그다음 해 김홍락에게 보낸 편지에서도 "간간이 의심나거나 막히는 곳이 있으면 뽑아서 기록해 두었다가 직접 뵐 때 여쭐 생각입니

---

2) 『海窓集』, 권3, 「書・上西山先生, 戊戌年」.

다"라며 경전을 통한 성리학적 의리 탐구의 일상적인 모습을 보여 주고 있다.[3]

또한 1902년 스승인 척암 김도화에게 올리는 편지에서는 "읽고 있는 『논어』는 의례대로 읽고 있기는 하나 아직 입지가 견고하지 못하여 참되고 실제적인 데서 공부해 가지는 못하고 있어 근심스럽습니다. 그리하여 매양 독서할 때에 온갖 사념이 일어나서 전일할 수가 없습니다"라고 토로하며 자신의 공부에 있어서 병통을 치료하는 데 스승의 경험을 배울 것을 청하고 있다.[4]

한편 28세이던 1905년에는 김도화가 주자朱子가 아들에게 소동파의 문장을 읽게 했던 사실을 들어 소동파의 글을 읽기를 권한 데 대해 중상에 맞는 좋은 처방이라 따르겠다고 하면서도 예전 소동파의 문장을 읽은 적이 있는데 종종 허상을 추구하는 곳이 있어서 많은 부분이 자신의 의사에 맞지 않았음을 고백하고, 유종원柳宗元의 문장은 그 기세와 골격이 날카롭고 간략하고 예스러워 문장 십여 편을 가려 베껴 둔 것이 있으니 유종원의 문장으로 대신하는 것이 어떤지를 묻고 있다.[5]

송기식은 이처럼 김흥락의 문하에 들어간 이래 20대를 유학의 주요 경전을 중심으로 한 독서와 사색을 통해 유학적 소양을 축적하고 더하여 당송팔대가 등의 문장도 읽고 익히는 등 전통적 유학자들의 그것과 동일한 경로로 학문적 축적기를 거친다. 특히, 1899년 김흥락의 사후 시작되

---

3) 같은 책, 권3, 「書·上西山先生, 己亥年」.
4) 같은 책, 권3, 「書·上拓菴金先生, 辛丑年」.
5) 같은 책, 권3, 「書·上拓菴金先生, 乙巳年」.

어 9년에 걸쳐 진행된 스승의 문집 간행을 위한 원고 검토와 교정에 참여한 시간은 그의 사상적 심화에 큰 영향을 주었을 것으로 생각된다. 짧은 기간 직접적인 가르침을 통해 접했던 스승의 사유세계 면면을 본격적으로 배우고 체화하는 시간이 되었을 것이기 때문이다.

일찍이 퇴계학파의 일원으로서 위정척사에 입각해 실천의 기의에 나서거나 순절한 스승들의 영향권 아래 전통적 유학자로 머물던 그에게 시국의 변화는 사상적 전환의 계기를 부여했다. 이와 관련해 그는 「인곡가」에서 "사문은덕 갚을길은 수택상신 문자로다. 풍뇌헌 봉정사에 아홉해 서역書役이라. 선생문집 출판되자 시국일변 되엿구나"[6]라고 술회하고 있는데, 문집 간행이 1908년이므로 이 시기를 전후해 긴박하게 진행된 시국이 변화가 그의 현실 인식과 대응에 변화를 가져오게 한 계기가 되었을 것이다.

앞서 1905년 을사늑약으로 조선 사회의 운명이 기울어 가고, 이미 유학적 가치에 대한 기존 방식의 고수로는 상황을 만회시킬 수 없음을 통감했으며, 결정적으로 1910년에 닥친 경술국치는 완전한 사상적 전환의 계기가 되었다. 기울어 가는 국운을 되돌이키려는 노력은 경술국치 직전 협동학교의 개설에 힘을 보태고 스스로 봉양서숙을 설립하는 등의 구학을 중심으로 신학문을 수용하여 인재를 양성하려는 교육구국의 실천을 더욱 강화하는 것으로 나타났다.

그는 김도화에게 보낸 편지에서 경술국치에 대해 "4천년 동안 나라

---

6) 「麟谷歌」, 3쪽.

가 있어 온 이래로 처음 있는 일이고, 2천만 민족이 처음 보는 일"이며 이로 인해 조선의 운명을 '한 줄기 양기가 한 터럭처럼 위태로운 시국'으로 규정하고 지난해 봄부터 "도도히 흐르는 시류에 빠져서 사회에 발을 내딛고" 있다면서 신학문을 수용한 교육사업에 착수했음을 아뢰고 있다. 그리고 그러한 실천의 취지가 결코 유학의 도를 등지고 떠나려는 것이 아니라 당면한 조선의 위기를 구하는 방책으로 시도해 보는 것임을 고백하고 있다. 그러면서도 그는 봉양서숙을 지어 근방의 향리 학생들과 유학을 부지하기 위해 노력하고 있기는 하지만 늘 "신학문에 짓밟히고 있어서 잔약한 형세로는 도달한 기약이 없을 듯"하다며 탄식하고 있다.[7]

1909년 김흥락 문하의 선배인 김동진이 유학부흥운동을 시도하려다 중도에 그만두었다는 소식을 듣고 보낸 편지에서 그는 유교혁신에 관한 자신의 견해를 밝히고 있다. 유학은 격물치지格物致知로부터 치국평천하治國平天下에 이르기까지 자기의 본분의 일이 아닌 것이 없음을 들어 당면한 현실에서 도피해서는 안 되며 유학의 부흥이 옛것을 고수하고 '신진의 사조'를 물리치는 길로 나아가서는 안 되고 시대적 상황에 따른 마땅함을 기준으로 옛것을 바꾸고 새로운 것을 도모해야 함을 강조했다. 또한 그는 유학의 부흥은 수백 년 폐해를 낳은 공소한 학문(口耳之學)에서 벗어나 실리實理적으로 사람에게 절실한 도에 나아가는 방향으로 추진되어야만 청년들을 유학의 도 안으로 포섭할 수 있음을 강조했다. 그렇지 않고 이미 거스를 수 없는 추세로 다가온 새로운 사조에 대한 청년들의

---

7) 『海窓集』, 권3, 「書·上拓菴金先生, 庚戌年」.

관심을 막고 옛것을 따르고 옛 법을 실천하기를 강요하면 심복시킬 수 없고 결국은 유학을 외면하게 만드는 결과가 될 것임을 경고하고 있다.[8] 위기의 시대 구국과 유학혁신의 방향을 그간의 유학이 노정한 복고성, 공소성, 폐쇄성에서 벗어나 시의성, 실용성, 개방성의 길로 나아가야 함을 강조한 것이다.

1912년 이상룡에게 보내는 편지에서는 그러한 문제의식이 종교에 대한 관심으로 기울어지게 된 계기의 일단이 드러난다. 그는 이상룡의 가르침에 따라 봉양서숙을 설립해 운영하면서 지역의 계몽에는 일정한 기여를 했지만 한계에 봉착했음을 토로하고, 과학교육이 대중적인 종교교육만 못하다는 생각으로 1911년부터 천도교인들과 교류하고 있음을 말하고 있다.[9] 이는 과학을 중심으로 한 서양의 신학문에 대한 교육이 새로운 지식의 습득을 통한 계몽의 효과는 거두었지만 실천으로 나아가는 데 한계를 지닌 것에 대한 고민이며 그 대안으로 종교의 기능에 주목하게 되었다는 의미이다. 그가 『유교유신론』을 저술해 유교의 종교화 구상을 완성한 것이 1921년이지만, 이미 오래전부터 그러한 구상의 단서들을 탐색하기 시작했음을 알 수 있다. 그는 당시 서양의 천주교와 개신교는 물론이고 천도교 등 신흥 종교가 사람들을 끌어들이며 교세를 확장해 가고 있었던 데 주목했고, 이후 1919년 3·1만세운동에서 종교계 인사들의 주도적 역할과 참여라는 실천의 저력을 확인한 바 있었다. 특히 만세운동으로 투옥된 대구형무소에서의 기독교도와의 밀접한 만남도 그의

---

8) 같은 책, 권3, 「書·上貞山金丈, 己酉年」.
9) 같은 책, 권3, 「書·答石洲李丈, 壬子年」.

유교종교화 시도를 추동한 요인이었을 것이다. 3·1만세운동을 전후로 이상룡의 동생 이상동, 하계의 이원형 등 그와 친분이 있거나 교류한 지역 명문가의 자제들이 개신교로 들어간 것도 종교의 힘에 주목한 계기가 되었다. 이러한 현실 인식과 대응의 변화에 대해 자신의 호를 '해창海窓'으로 삼은 연유를 설명하는 글에서 다음과 같이 설명하고 있다.

> 나라를 굳게 닫고 지낼 땐 바다를 장벽으로 삼았고, 나라를 개방하였을 땐 바다를 창으로 삼았다. 바다를 장벽으로 삼았을 땐 독서를 하는 선비들이 우리 유가가 본 것만을 숭상하고 우리 유가가 들은 것에만 익숙하였다. 그러므로 자신의 견식 외에는 달리 비출 만한 것이 없었고 오히려 다른 학설들이 침입할까 두려워하여 배척하고 도외시하는 것을 대의大義로 삼았다. 바다를 창으로 삼자 독서를 하는 선비들이 고금古今의 일을 짐작하고 동서東西의 일을 종합하였다. 그러므로 자신의 아집을 버리고 타인의 의견을 좇아 좋은 것들을 즐거이 받아들이고 오히려 우리 유가의 학설이 한쪽으로 치우칠까 두려워하여 겸허히 받아들이는 것을 주된 의리로 삼았다.[10)]

2. 구학舊學 반성과 유학혁신의 모색

앞서 서술한 바와 같이 위정척사의 길에서 유학혁신의 길에 나선 것은 당시 직면한 엄중한 시대 상황에 대한 인식과 대응이었는데, 그러한

---

10) 같은 책, 卷5, 「序·海窓說」.

인식과 대응은 우선 그러한 상황 속 자신이 속한 유학계의 폐단과 그간 묵수해 온 유학 자체의 한계에 대한 전면적 반성을 배경으로 한 것이다. 그가 지양하고 혁신해야 한다고 여긴 유학계의 문제점과 유학의 폐단은 무엇이었는지 알아보자.

우선 그는 새로운 것을 받아들이지 못하는 묵수적 유학자들의 폐단을 지적하고 있다. 1926년 황영조黃永祚에게 보낸 편지에서 도道를 자임한 유학자의 사명에 대해 설명하기를, 유학자라면 모름지기 천지天地의 이치를 두루 파악하고 고금古今의 일을 아울러 이해하며 체용體用을 두루 갖춤으로써 사람의 법칙을 세우고 현실의 사물에 대응하여야 한다고 규정하고 있다. 이러한 기준에 따라 그는 당시의 유학자들을 세 부류로 나누고 있다. 첫째는 구학舊學에 매인 묵수적 유학자들로서, 이들은 "옛것에 고착되어 오늘을 손상시키며 혹은 남에게 드러내 보이는 학문을 답습하여 하찮은 신의에 목숨을 바치는 절개에 구속되기도 하고, 혹은 문사의 폐단을 숭상하며 근엄한 태도를 짓기도" 한다고 비판한다. 그는 이들을 공자가 말한 덕을 해치는 향원鄕原으로 규정한다. 둘째는 항일투쟁에 나선 유학자로 "협기를 숭상하여 모진 풍상을 무릅쓰고 화살과 돌을 감수하며 창자 속 피를 쏟아 내면서도 후회하지 않는" 이들인데, 그는 이를 높이 평가하면서도 "후학을 장려할 겨를이 없음"을 지적하고 있다. 셋째는 현실에 영합한 개화 관료로 "서구의 풍조에 취하고 매달 받는 월급에 빠져서 시대의 분위기를 따라 여생을 구차히 살아가는 자들"인데 이들은 유학의 도를 부지扶持하는 데 뜻이 없다고 비판한다.

송기식이 이처럼 당시의 유학자들을 세 부류로 나누어 평가했지만,

그의 비판의 주 대상은 첫째 부류의 묵수적 유학자들이다. 그것은 새로운 사조를 배척한 채 공소한 이론이나 문장 짓기에 빠져 현실의 문제를 외면하고 유학의 사회적 역할을 망각하는 당시 유학자들의 모습에 대한 비판이다. 그는 진정한 유학자는 "구이지학口耳之學의 폐단을 개혁하고 문사文詞의 폐습을 혁파하여 정靜을 근간으로 사람의 법칙을 확립하는 공부를 하도록 하고 시의時宜를 참작하여 신진의 학설로 인도"해야 하며, 그래야만 유학이 풍속의 교화에 보탬이 될 수 있음을 강조한다. 이는 당대의 유학이 드러낸 묵수의 복고성, 공소성, 폐쇄성을 넘어서 시의성, 실용성, 개방성의 방향으로 나아가야 함을 말한 것이다. 특히, 그는 유학이 복고성과 공소성을 극복하기 위해서도 서양의 새로운 학문과 사조를 수용하는 개방성이 필요함을 강조하고 이를 위한 선배 학자들의 역할을 강조한다.

> 사람은 새로운 것을 좋아하는 동물이기 때문입니다. 과연 우리가 앞으로 새로운 것을 보길 좋아하는 눈을 가리고 옛것을 듣길 싫어하는 귀를 열수 있겠습니까. 저 어린 학생들이 옛것에 익숙한 가정에서 나와 근심을 떨치고 수업을 받다가 조금씩 지각이 생기면 반드시 스승을 배반하고 달아나 버리니 어째서입니까. 스승은 옛것을 고수하려는 벽이 있고 제자는 새로운 것으로 좇아가려는 성향이 있기 때문에 네모난 자루를 둥근 구멍에 끼워 넣으려는 것과 마찬가지로 서로 맞을 수 없는 것입니다.[11]

그는 시의성과 개방성의 중요성을 강조하면서 유학자들이 성현으로

---

11) 『海窓集』, 권3, 「書・上拓菴金先生, 庚戌年」.

받드는 선진시기 공자와 맹자, 송대의 정자程子와 주자朱子는 모두 당대의 혁신가였음을 강조한다. 즉, 공자와 맹자의 경우 전국시대의 혁신가였기 때문에 하夏 · 은殷 · 주周 삼대의 손익損益을 논하는 설을 내놓았고, 정자程子와 주자朱子는 사설邪說이 성행하던 시기의 혁신가였기 때문에 한대의 경전 주석과 다른 자신의 설을 내놓았음을 말했다. 그런 취지에서 그는 유학의 혁신을 위해서는 다윈의 진화론과 루소의 민약론民約論과 같은 서양의 새로운 학설을 학자들이 참고해야 한다면서 옛 성현들이 다시 살아오더라도 동서양을 참고하고 시대의 변화에 부응해 유학의 출로를 모색할 것임을 말한다.[12]

송기식은 유학이 구설을 고수하고 변화된 시대에 부응한 새로운 학설을 제시하지 못하는 원인을 동양의 전제군주제의 폐단으로 소급해 설명하고 있다.[13] 그는 순자의 성악설로 인해 인간의 행위와 사고에 타율적 제어의 필요성이 제기되어 권모술수가가 세력을 차지하게 되었고, 이를 계승한 이사李斯가 군주를 높이고 신하를 누르게 했으며 한대 들어 숙손통叔孫通이 유방劉邦에게 황제 지위의 존귀함을 강조한 결과 군주전제정치가 수천 년 동안 이어져 군주의 절대 권력에 대한 두려움으로 유학자들이 새로운 변화를 시도하기보다 명철보신을 미덕으로 삼게 되었다고 설명한다. 이어서 전제군주 체제는 경전의 해석에 있어서 구설舊說을 고수해 유학계 내의 비판을 피하도록 했고 그 결과 나라의 원기인

---

12) 같은 책, 권3, 「書 · 答黃景瑞永祚, 丙寅年」.
13) 그는 1936년 자신이 「格致圖」에서 피력한 유학의 새로운 해석에 대한 金濟晃(1860~1951)의 비판을 반박하면서 그러한 의견을 개진하고 있다.

선비들이 군주전제에 굴복해 당시 상황처럼 나라를 빼앗기는 지경에 이르렀음을 비판한다. 반면에 유럽과 미국은 자유로운 해석과 생각을 가능하게 해 루소의 민약론이 나와 군주전제에서 공화정으로 변화되었고, 몽테스키외의 『법의 정신』이 나와 고문의 형벌에 의한 심판이 배심원제로 변화되었으며, 다윈의 진화론이 인문을 진보시켜 오늘의 서구 열강을 가능하게 했음을 강조한다.[14]

이처럼 그의 유교혁신은 시대의 변화에 따른 마땅함이라는 기준으로 당시 모든 이들이 당연시하던 것에 대해 반성하고 비판하는 데서 출발한 것이다. 앞에서 언급한 구학에 대한 관습적 묵수墨守에서 벗어나 시무時務의 측면에서 서양 신학문을 수용하자는 주장도 그렇지만, 신분에 따른 차별을 반대하는 열린 사고도 그러한 생각에서 나온 것이다. 이 점은 백정의 자제를 서숙에 받아들인 것을 비판하는 사람에게 보낸 편지의 내용에서 드러난다.

> 서숙의 학생들 가운데 백정의 자제가 있는 것은 곤란하다는 말씀을 하시니 어른께서 이러한 말씀을 하실 거라고는 생각하지 못했습니다. 경전에 이르기를 "벌은 자식에까지 미치지 않는다"라고 하였습니다. 만약 저 무리들 중에 조상이 악惡을 행한 일이 있다 하더라도 이미 몇 백 년이 지났으니 그럼에도 그 자손을 용서하지 않는 것이 이치상 과연 합당한 일이겠습니까?
> 지금의 풍속이 사회에서 용납 받지 못하는 것은 관습의 사사로운 마음이지 어찌 천리의 본연이겠습니까. 우리 무리가 구습을 타파하고 신진을

---

14) 『海窓集』, 권3, 「書·上梧山金丈濟晃, 丙子年」.

장려하여 민족을 위해 근심을 하고 있는데 이 사사로운 마음으로 왈가왈 부하는 여론 속에서 주저해 버린다면 저 젊은이들이 이를 공리公理로 알 것이니, 이는 미래의 후손들에게 나쁜 과보를 심는 일이 될 것입니다. 또 몇 백 년 동안 원망과 독기를 품고서 조부가 눈물을 흘리며 손자에게 전 하고 부친이 눈물을 흘리며 자식에게 전할 저 무리들이 지극히 인자한 하늘에 원통함을 하소연하는 일이 없을 수 있겠습니까. 장래에 반드시 하늘의 이치를 펼 날이 있을 것이니, 지금 그렇게 될 줄을 알면서도 여론 이 같지 않다는 이유로 잘못된 구습의 구덩이의 속에 서로 빠져 버려서 야 되겠습니까.[15)]

신분적 차별 철폐에 대한 주장은 1933년 녹동서원 명교학원 재직 시 안동군수 최병철崔秉轍에게 보낸 편지에서 향교에 농공상農工商 등 일반 백성들을 참여시켜야 함을 건의하면서 "교궁은 한 고을의 유림이 오로 지 받드는 곳으로 널리 전하는 것이 고을의 풍습이거늘, 하물며 농공상 민들은 배척되어 한 무리가 되지 못하는 것은 온 나라의 병통이니, 선성 을 높이 받들고 도덕에 젖어드는 일이 어찌 그 사이에 계급이 있겠습니 까. 모두 복록을 누리는 것이 오늘날 행정의 급선무입니다"라고 한 데서 도 확인된다.[16)]

송기식은 당시의 유학자들이 당파와 문호로 나뉘어 서로 대립하고 반목하는 폐단에 대해서도 일침을 가하고 있다. 같은 문도인 권동만權東 萬(1873~1951)에게 보낸 편지에서 "유학이 퇴계 문인들 이래로 서로 점점

---

15) 같은 책, 권3, 「書·答某人」.
16) 같은 책, 권3, 「書·與知府崔侯秉轍」.

어긋나서 갑과 을이 당으로 나뉘어 크게는 국가를 하찮게 여기고 작게는 고을에 흠집을 내면서도 지금까지 스스로 깨닫지 못하고들 있으니, 이는 학술이 밝지 못하여 사적으로 안 것을 공적인 것으로 여긴 데서 온 폐해입니다"라고 비판하고, 풍속과 교화를 책임진 사류士類가 그렇게 함으로써 그 화가 그들을 받들며 살아가는 백성들에게 미치는 것에 대해 안타까워한다.[17] 이는 국가가 전체적으로는 당파로 나뉘고 지역적으로는 문호로 갈라져 상호 비난하고 반목하던 당시 상황에 대한 비판이다. 그는 이 역시 구학의 폐단 중의 하나로 인식하고 그러한 폐단을 넘어설 것을 강조한 것이다.

한편 송기식은 1908년 김형칠金衡七(1874~1959)에게 보낸 편지에서 "서책은 옛사람이 남긴 찌꺼기인데 지금 사람들은 다만 그 찌꺼기의 남은 국물에만 골몰하고 그 찌꺼기를 통해 내면의 훌륭한 맛은 찾을 줄 모른다"고 한탄하면서 서책의 문자에 매인 답습적인 해석을 넘어서 그러한 문자를 통해 전하고자 한 성현의 뜻에 다가가는 적극적이고 해석의 노력이 필요함을 강조한 바 있다.[18] 앞서 언급한 1936년 자신의 격물치지格物致知 해석에 대해 비판한 김제면에게 보낸 편지의 또 다른 내용은 그가 강조한 문자를 넘어서 성현의 본지에 다가가는 새로운 해석의 일단이 드러난다.

성인의 말씀은 경經이고, 성인을 배우는 후인이 성인의 말씀을 고증하여

---

17) 같은 책, 권3, 「書・答權丈友山東萬」.
18) 같은 책, 권3, 「書・與天遊金丈衡七, 戊申年」.

상황에 따라서 응용하는 것은 위緯입니다. 만약 경은 경대로 위는 위대로 라면 성현의 말씀이 일상에 필요한 포백布帛이 될 수 없습니다. 『대학』의 삼강령三綱領과 『서전』의 삼사三事는 경설이니, 백성들에게 삼강령과 삼사를 시행하려면 물질 상에서 공력을 더하지 않으면 안 됩니다. 이런 까닭으로 요순이 다스릴 때에 우禹가 수토水土를 맡고, 익益이 불을 맡고, 직稷이 농사를 맡았으며, 설契이 사도司徒가 되고, 기夔가 악관樂官이 되고, 고요皐陶가 형관刑官이 된 것은 모두 물질 상에서 정사를 시행하여 백성들을 살린 것입니다. 이것이 이른바 '지극한 선善에 머무른다'는 것이고, 이른바 '덕행을 바르게 행한다'는 것입니다.[19]

여기서 그는 『대학大學』의 '지어지선止於至善'과 '정덕正德'에 대한 새로운 해석을 제시하고 있다. 그는 고대 요임금의 뜻을 신하들이 실제 정사에서 구현해 백성들의 후생을 두터이 한 사례를 들어 유학의 경전에서 성인이 제시한 가르침이 경經인데 그 경의 근본 취지는 위緯로서 실제 현실에 구현되어야 함을 강조한다. 이는 그가 일관되게 강조한 유학이 공소한 이론 즉 구이지학口耳之學에 머물러서는 안 되고 현실의 실용에 기여해야 한다는 생각과 맥을 같이하는 것이다.

이 해석에서 주목해야 할 것은, 성리학에서 덕성과 수양의 맥락에서 운위되던 '정덕正德', '지어지선止於至善'을 물질적 후생厚生으로 확대 해석하고 있다는 점이다. 그는 "만약 물질을 내버려두고 도덕만을 담론한다면 그저 빈말이 될 뿐이어서 공허하고 적막한 지경에 떨어져 버리고 말 것"이라고 강조한다. 동일한 맥락에서 '생계生計'를 "세속의 무리들이 삶

---

19) 같은 책, 권3, 「書・上梧山金丈濟冕, 丙子年」.

을 훔치고 살기를 도모함을 의미하는 것이 아니라, 바로 정당한 도리로부터 나와서 천하의 사람들로 하여금 모두 인의를 갖게 하고 천하의 만물에 모두 질서가 있게 하여 서로 문란하거나 빼앗지 않도록 하는 것이니, 이것이 공자께서 이른바 '큰 덕을 생生이라고 한다'는 것입니다"라고 한다. 그는 삼강령과 삼사가 모두 공자가 말하거나 정한 것이고 물질적 측면에서 백성들의 삶을 편하게 하는 것이 곧 공자의 가르침임을 강조한다. 이는 전통 성리학에서 의리지변義利之辨에 의거해 도덕적 원리와 물질적 이익을 철저히 분리하고 의리를 추구하는 것을 강조한 금욕주의적 수양론이 당시 엄중한 위기 상황에서 직면한 공소성과 현실 무력성의 문제를 비판하고, 그 비판의 논거를 공자에게 소급한 재해석을 통해서 구하고 유학혁신의 정당성을 확보하려 했음을 보여 준다. 송기식이 이른 유교혁신의 최종적 결론은 이와 같은 당시 유학이 지닌 이러한 복고성, 폐쇄성, 공소성으로 인해 현실에서 무력성을 드러내는 한계를 넘어서 현실의 위기를 해결할 실용성을 지닌 유학으로 거듭나는 데 필요한 실천력 추동력이고 그것은 유교의 종교화를 통해 가능하다는 것이었다.

3. 유학혁신의 구상, 유교의 종교화

송기식의 교육을 통한 계몽활동의 노력이 전통 유학이 지녔던 치국평천하로 대표되는 사회적 기능의 회복을 통한 구국의 시도라면, 유학종교화는 천주교를 비롯한 서구 기독교의 도전에 직면했던 유학에 그 토대가 되는 수신修身의 측면을 새롭게 강화함으로써 새로운 생명력을 부여하려는 시도에서 나온 것이다.[20] 이는 국권상실로 나타난 위정척사에 의거한 의병활동이 노정한 한계에 대한 인식과 개항 이후 기독교로 대표되는 근대 종교의 급속한 파급을 계기로 자강에 있어서 정신적 요소 내지는 종교의 힘이 지닌 중요성에 주목한 것이다.

이 시기 중국과 조선에서 활발하게 추진된 유교종교화의 연원은 청말 강유위康有爲(1858~1927)가 중국의 자강운동의 일환으로 주창한 공교孔敎운동이다. 강유위의 공교운동은 전통 유교의 방향을 서구의 기독교 형태로 전환한 활동으로, 기독교를 서구 부국의 기틀로 보고 유교를 종교화함으로써 종교가 가진 신앙의 힘으로 혼란에 빠진 민족정신을 결집하고 구국을 도모할 수 있다는 생각의 발로였다. 이러한 강유위의 유교종교화운동은 중국과 비슷한 실정의 우리나라 유학계에 많은 영향을 주어 빠르게 수용되었다.[21] 강유위는 국권을 상실하고 식민지배에 놓인 조선의 진로에 대한 이병헌의 물음에 대해 다음과 같이 대답한 바 있다.

국가의 명맥은 민족의 정신에 있는데, 민족을 단결시키고 정신을 유지하는 방법은 하나뿐으로 종교에 있다. 중국과 조선 두 나라의 종교는 유교이므로 유교를 자기 나라의 생명으로 여기고 유교를 구출하는 것을 나라를 구출하는 전제로 삼으면 이미 멸망한 나라도 희망이 있을 것이다.[22]

---

20) 조광, 「개항 이후 유학계의 변화와 근대적응 노력」, 『국학연구』 5집(한국국학진흥원), 90쪽.
21) 황영례, 「한계 이승희와 해창 송기식의 공교운동의 상이성」, 『유교사상연구』 39집(한국유교학회), 92쪽.
22) 『李炳憲文集』 下, 「眞菴略歷」, 599쪽.

강유위는 영국의 식민지배를 받는 인도와 나라를 상실한 유대의 경우를 예로 들어 설명하면서, 민족정신을 고취하는 방법으로서의 종교의 중요성을 역설하고 유교를 민족정신의 생명력을 이루는 종교로서 재정립할 것을 이야기했다. 종교화를 통한 유학의 혁신과 재건이 국권 회복의 관건임을 강조한 것이다.[23] 이러한 강유위의 영향 아래 영남지역에서 특히 두드러졌던 공교운동은 송기식, 이승희, 류인식, 이병헌 등이 관심을 기울였고, 이상룡도 저술 가운데서 공자교에 대한 견해를 피력한 바 있다. 여기서는 이들 가운데서도 가장 체계적인 저술인 『유교유신론儒教維新論』을 남긴 송기식의 공교운동을 동도서기적 유교혁신과 그것을 통한 구국의 모색이라는 시대적 대응의 사례로 검토해 보기로 한다.[24]

송기식은 1919년 3·1만세운동으로 옥고를 치르고 출옥 후 1921년 종교화를 통한 유교혁신의 구상을 담은 『유교유신론』을 저술했고, 1930년에는 관련 내용을 담은 한글 가사 「인곡가麟谷歌」를 지었으며, 그 외 그의 문집에도 유교종교화의 구상과 관련된 내용을 다수 남겼다. 이를 통해 그는 일제와 서구사상의 유입으로 혼란의 도가니에 빠진 당시 사회를

---

23) 강유위의 이러한 공교사상은 제자인 梁啓超에 계승되어 당시 중국사회를 풍미했을 뿐만 아니라, 사회진화론·민족주의·계몽주의 등 서구사상의 적극 수용을 통해 부국강병을 도모하는 개혁운동으로 이어졌다. 특히 공교사상과 더불어 양계초의 저작『음빙실문집』은 조선 지식인들에게 큰 영향을 미쳐 사회진화론의 확산, 서양 문명의 수용과 제창, 애국계몽사상의 확산 등을 가져왔다.

24) 금장태는 이 시기 다양한 유교혁신론의 갈래를 주자학을 배경으로 하는 것, 애국계몽운동을 배경으로 하는 것, 양명학을 배경으로 하는 것, 금문경학을 토대로 하는 것 등의 4가지 유형으로 나누고, 송기식의 유교혁신론을 주자학을 배경으로 하는 사상적 모색과 실천으로 분류하고 있다.(금장태, 『유교개혁사상과 이병헌』, 예문서원, 2003, 208~209쪽)

유교의 종교화를 통해 치유하고 유학의 혁신을 도모하는 방안을 구체적으로 제시하였다. 그 요지는 전통적 학파 중심 학문으로서의 유교에서 탈피해 서구의 종교처럼 회당을 만들고 공자를 교주로 높이는 종교화의 길만이 유교를 살리고 나라를 살리는 길이라는 것이다.[25]

그가 이러한 생각을 가지게 된 것은 당시 유학이 처한 현실 상황에 대한 반성의 결과였다. 당시 그가 목격한 현실은, 국권 회복의 희망은 점차 희미해져 가는데 제 몫을 해야 할 유학은 도리어 사람들에게 외면과 비난의 대상이 되어 기독교, 불교, 천도교 등 여타 종교들 틈새에 질식되어 가고 있었기 때문이다.[26] 1919년 만세운동으로 영어의 몸이 되었다 풀려나 고향에 돌아온 다음 해 그는 유교유신의 길에 나설 것을 결심한다.

어찌 온 세상이 잠겨 죽어 가고 있는 상황을 가만히 보고 있기만 하고 구할 줄을 모르는 것입니까? 장차 동지들과 함께 유교유신儒敎維新을 시작하는 일에 참여하려고 하니, 저의 이 작은 정성으로 다른 사람들을 움직이게 할 수 있을지, 이것이 두려울 만합니다. 우리들은 죽지 않아 다행이지만, 선성先聖과 선사先師들께서 후인들을 가상히 여기시던 뜻을 어찌 잊을 수 있겠습니까. 그대는 반드시 정견正見을 지니시고, 저와 함께 편지를 주고받으며 이 일을 돈독히 하기를 바랍니다.[27]

---

25) 공교운동을 포함한 강유위 사상의 송기식에 대한 영향은 그가 1925년 사위 이승조에게 보내는 편지에서 강유위의 『孟子微』 2책을 읽고 느낀 바가 많았으며, 비록 그의 논설을 다 취할 필요는 없다 해도 부합할 만한 것들을 취해 벗들과 토론하고 싶다는 바람을 피력하는 데서 확인할 수 있다.

26) 「麟谷歌」, 20~22쪽.

27) 『海窓集』, 권3, 「書·答蔡熙覺, 庚申年」.

이 시기 그는 돌아온 향리에서 유교유신의 구상을 구체화하는 동시에 「격치도」를 지어 유학적 이론에 대한 새로운 해석을 시도하는 한편, 유교의 가르침을 대중적으로 보급하기 위해 『국문사서』의 집필에 몰두하는데, 그의 그러한 구상은 이듬해인 1921년 『유교유신론儒教惟新論』 저술로 구체화된다.

1922년에는 도산서원에 의견을 적어 보내며 원로 유학자들은 홀로 선을 지켜 스스로를 수양하며 유학이 날로 그릇되어 가는 것을 안타까워만하고 청년 학자들은 구학에 염증을 내어 서양의 사조를 다투어 좇고 있는 현실을 지적하며, 조선 유교의 중심지인 도산서원의 역할과 책임을 묻고 있다.

유교의 희생이 될 만한 사람을 모집하여 스승을 존중하고 도를 지키는 것으로 원대한 계책을 삼되, 나이가 30세 이상인 사람을 가려서 경학의 사범으로 삼고, 나이가 20세 이상을 가려서 경학강습생으로 삼으며 사범과師範科는 서른 명으로 한정하여 몇 개월을 거쳐 졸업한 후에는 병산屛山・임천臨川・호계서원虎溪書院 등 각 유소에 사범졸업생들을 강사로 삼고, 다른 여러 고을에도 역시 이와 같이 하고 또 교안敎案을 세워서 장부를 작성한다면 어찌 학문을 강론하고 도를 닦는 한 가지 일이 아니겠습니까. 이것이 그 대략이니 이를 미루어서 간다면 모든 일들이 저절로 거행될 것입니다. 만약 이 기회를 잃게 된다면 구습을 따라 답답하게 될 따름이니, 그렇게 되면 장차 말할 수 없는 상황이 생길 것입니다.[28]

---

28) 같은 책, 권3, 「書・上陶山書院獻議書, 壬戌年」.

같은 해 그는 지역의 동료들에게 부치는 편지에서 자강과 구국을 위한 시무時務의 학문의 중요성을 강조하고 그 자신 역시 비난을 무릅쓰며 신학문을 수용해 인재를 기르는 교육사업에 종사하고 있지만, 시무의 교육이 공리학功利學에 빠질 수 있는 문제를 보완하는 측면에서 유교의 종교화를 통한 도덕성 함양이 중요함을 강조한다.

시학時學은 급선무라 하겠습니다. 저 또한 십 년 전부터 위험을 감수해 오던 사람으로 뭇사람들의 비난 속에서 온갖 어려움을 물리쳐 왔습니다. 지금 모두가 한목소리로 반드시 그렇게 해야 한다고 말하고 있는 이 교육 열기는 남들에게 미친 사람이라 비웃음을 받아오던 저에게 조금이나마 위로가 됩니다. 그러나 시사가 일변하여 제 견해로는 이보다 시급한 것이 또 있으니 바로 유교와 관련된 한 가지 일인데 염두에 두고 계실지 모르겠습니다. 대개 지금의 교육은 바로 공리학功利學이라 오로지 여기에만 힘을 쏟으면 그 폐단이 또 생기고 말 것이니, 반드시 먼저 종교로 도덕성을 함양하고서야 교육이 완전해질 것입니다.[29]

그는 당대의 유학이 이론의 측면에서 구설의 묵수에 그쳐 새로워지지 못하고, 도덕성명을 말하면서 실천이 결여된 형식적이고 협애한 명교에 빠진 폐단을 비판하면서도 본연의 유학에 대한 신심을 견지하고 있다. 그리고 그것이 신학문을 수용하면서도 유학의 대한 신심을 버리지 않고 유학의 종교화를 주장할 수 있는 배경이다. 그것은 무엇보다 유학의 진리가 동서양을 넘어선 모든 진리를 담고 있다고 보는 보편성, 포괄

---

29) 같은 책, 권3, 「書·答李丈鼎民秀杰李丈德純漢杰, 壬戌年」.

성에 대한 신념에 기초하고 있다. 이는 그가 단양丹陽향교의 경학생들에게 주는 「유교범위설儒教範圍說」에서 볼 수 있다.

지금 유교를 하는 자들은 고지식하여 융통성이 없으니 범위의 큼을 모르고, 세속을 쫓아 자립하지 못하니 체용의 온전함을 모른다. 이것이 오늘날의 유교가 쇠퇴하여 망하게 된 원인이다. 지금 세계 육대주를 항해하는 것과 오색 인종과 입헌·공화제의 정치체제와 유천惟天·유심惟心·유물론惟物論의 학설은 모두 성인의 범위 안에서 다룰 수 있는 일이다. 그런데 저 고지식한 자들은 외국의 문물을 배척하고 저항하여 혼자서 온전할 수 있는가? 이는 자신의 역량을 알지 못하는 것이다.…… 유교儒教는 인도人道 위 극단의 지위이니 어째서인가. 나는 사람으로 사람의 도리를 다할 수 있으니, 위에 있는 천리에 합하고 아래에 있는 물리에 합하고 앞사람과 딱 맞고 뒷사람과 어긋나지 않는다면 어디를 가든 자득하지 않겠으며 어느 시대인들 적합하지 않겠는가.[30]

즉, 유학의 진리가 결코 서양의 사조들과 배치되는 것이 아니라 오히려 서양의 다양한 진리와 사조들이 유학의 진리의 범위 안에 있음을 강조한 것이다. 서양의 새로운 사조와 학문에 대한 그의 개방적이고 수용적 태도는 서구의 학문에 대한 편향이 아니라 유교적 진리의 보편성에 관한 이러한 관점에 근거한 것이고, 유학을 종교적 신앙체계로 일상화하고자 한 것 역시 유학에 대한 그러한 신심에 기초한 것이다. 이는 앞서 언급한 자신의 호를 풀이한 글에서도 확인된다.

---

30) 같은 책, 卷5, 「序·儒教範圍說示丹陽經學生」.

해외에서 공화설共和說이 들어오고 나서 공자의 대동설大同說과 부합된다는 사실에 기뻐하였고, 또한 민주民主의 설이 들어왔을 땐 맹자의 민귀설民貴說과 꼭 들어맞는다는 사실에 기뻐하였으며, 연맹의 모임이 열렸다는 소식이 날로 전해온 후에는 춘추의 회맹會盟의 의의와 같다는 사실에 기뻐하였다. 이러한 몇몇 학설들이 이용후생利用厚生에 부합되는 것이 어찌 밖에서 비추어 안을 밝힌 것이 아니겠는가?[31]

'유교儒敎는 인도人道 위 극단의 지위'라는 유학적 진리의 최고성과 서양의 모든 학설이 '성인의 범위 안에서 다룰 수 있는 일'이라는 유학적 진리의 보편성에 대한 그의 신념은 유학을 종교화하는 것이야 말로 민족의 구명을 위한 유일한 출로라는 결론에 이른다. 녹동서원 명교학원에서의 강학에서 돌아온 이후 장학천張鶴天에게 보낸 편지에서 강조한 내용이다.

믿는 바는 지금 천하에는 종교의 자유가 세상을 향해 강력하게 주장되고 있는 것입니다. 교회의 문이 각지에서 세워져서, 지혜의 힘을 다하고 정성을 미루어서 앞다투어 학문에 나아가고 있는데, 하물며 우리 민족에게도 정계에 착수할 만한 곳이 없겠습니까. 자고로 천하의 일은 정치와 종교 두 가지 뿐인데, 종교 사업이야말로 우리 민족에게 남겨진 곳이 아니겠습니까. 또 도리가 평이하여도 문화의 급선무는 여기에서 벗어남이 없습니다. 이것 없이는 사는 것이 불가능하고 이것을 벗어나면 죽는 것도 불가하니…… [32]

---

31) 같은 책, 권5, 「序 · 海窓說」.
32) 같은 책, 권4, 「書 · 答張鶴天」.

유교의 종교화를 민족의 급선무이자 유일한 구망求亡의 출로임을 강조한 그는 모든 종교의 핵심을 '마음을 다하여 하늘을 아는 것'으로 규정하고 유학에 있어서는 『주역』에서 제시한 '고요히 움직이지 않다가 감응하여서는 마침내 천하의 일에 두루 통한다'(寂然不動感而遂通天下之故)는 것이 그에 해당됨을 말한다. 또 불교의 참선과 기독교의 기도, 천도교의 주문을 외우는 송주誦呪 등이 '마음을 다스려서 하늘에 도달하는 방법'이라면 종교인 유학에서는 경공부敬工夫가 그에 해당됨을 말하고 있다.

대저 종교의 중심점은 하나에 있으니 바로 마음을 다하여 하늘을 아는 것을 말합니다. 이런 이유로 불교의 참선과 기독교의 기도와 천도교의 송주誦呪와 같은 유형이 모두 마음을 다스려서 하늘에 도달하는 방법인데…… 이와 같은 방법을 써서 천만 민중들로 하여금 형체가 없는 하나의 권위 아래 정신을 조직하게 하는 것입니다.

우리의 교리 가운데 최극점은 바로 '고요히 움직이지 않다가 감응하여서는 드디어 천하의 일에 두루 통한다'(寂然不動感而遂通天下之故)는 것인데, 이것의 관건은 참된 공부에 힘을 쓰는 사람이 아니면 환히 알 수 없다는 점입니다. 이는 주렴계가 이른바 '성인은 정靜을 위주로 하여 사람의 준칙을 세웠다'와 정씨程氏의 '하나에 집중하여 다른 데로 옮겨 감이 없다'(主一無適)와 사씨謝氏의 '항상 마음이 깨어 있게 하는 법'(常惺惺法)과 윤씨尹氏의 '마음을 수렴하여 한 물건도 용납하지 않는다'(其心斂不容一物)는 것이니, 이를 통틀어 '경공부敬工夫'라고 이름합니다. 고요할 때는 고요할 때의 경공부가 있고 움직일 때는 움직일 때의 경공부가 있으니 이러한 공부가 있지 않으면 천리와 합일하여 만사를 환히 볼 수가 없습니다.[33]

---

33) 『海窓集』, 권3, 「書·答朴達源淵祚」.

이상의 내용을 핵심으로 하는 유교의 종교화를 통해 송기식이 실현하고자 한 목표는 『예기禮記』 「예운禮運」에서 유학의 사회적 이상으로 제시한 대동大同이었다. 따라서 그의 유교종교화의 요체는 항상 깨어 있는 상태에서 마음을 집중하고 수렴하는 경공부를 통해 천리天理와 합일하여 만사萬事를 환히 알아 일상의 현실에서 그러한 이치를 구현함으로써 대동大同의 사회를 이루는 것으로 개괄할 수 있다. 이러한 그의 유교종교화 사상에 관한 구체적 방안을 담고 있는 『유교유신론』은 서언과 14장의 내용으로 구성되어 있는데, 주요 항목을 중심으로 그의 주장을 개괄해 보면 다음과 같다.

서언은 유교 부흥의 필요성 또는 당위성을 선언한 것으로, 과거와 달리 군왕이 헌법의 아래에 있는 시대이자 종교의 역할을 강조되는 시대인 지금이 지공무사至公無私의 진리인 유학을 부흥시킬 시기라는 것이다.

2, 3, 4장은 유교가 쇠퇴하게 된 원인을 제시했는데, 인재선발에 있어서 문벌주의의 폐단, 과거를 위한 문장에 치우쳐 유학의 참뜻을 도외시한 폐단, 당론의 폐단 등이 과거의 유학이 끼친 부정적 영향이라고 했다. 그리고 과거科擧와 사장詞章의 잡다한 지식에 매달리고 새로운 학문을 외면하며 사고가 고착되어 성현의 참된 가르침을 알지 못하고 조상의 유업만 고수할 뿐 혁신을 외면하거나 반대로 서양의 새로운 학문에 현혹되어 유학을 배반하고 비판하는 풍조가 유교의 쇠락을 초래한 원인이라고 지적했다. 그는 이러한 두 가지가 공자 이래 포용성을 장점으로 하던 유학을 폐쇄적이고 협애한 유학으로 전락시켰다고 지적한다.

5, 6장은 유학이 쇠퇴해 제 역할을 못함으로써 공명과 이익만을 추구

하고 의존적이며 비합리적인 등 조선인들의 부정적인 습성을 고질화시키는 부작용을 초래했음을 지적했다.

7, 8장은 혼란한 시대일수록 절대적 진리를 담고 있는 유학의 본 면목이 빛날 수 있는 때임을 말하면서, 특히 유학이 지닌 '대동사상', 전국에 산재한 향교와 서원, 그리고 유학적 생활의식에 익숙한 대중, 고을마다 가르침을 줄 선비들의 존재 등이 종교화를 통한 유교 부흥의 유리한 자산임을 강조했다.

9장에서는 유학을 부흥시킬 수 있는 구체적 종교화 방안 11가지를 제시했는데, 공자를 신앙의 대상으로 받들 것, 종교적 예식의 구비, 신도조직의 양성과 교회의 설립, 일요일 강연회와 교육, 강습소 설립에 의한 강사 육성과 활용, 불평등한 계층구조의 타파, 여성교육을 통한 부인회 조직과 활동 등 다른 종교에 비견할 조직과 인원의 구비에 관한 제안이다.

10장과 11장에서는 유학의 핵심을 '경敬'을 통해 하늘에서 품부받은 본성을 함양해 천인합일의 경지에 이르는 것으로 파악하고, 고전에 나타난 성현들의 경에 관한 언급을 통해 경의 의미와 실천 방법을 제시하며 경이 종교로서의 유학이 추구하는 이상인 대동세계를 실현하는 핵심 공부임을 강조했다.

12장에서는 타 종교 및 사상과 대비해 유학이 지닌 우월성에 대한 내용으로, 유구한 역사를 지닌 유학은 모든 종교와 철학 그리고 과학의 진리를 포함하는 보편적 진리임을 강조했다.

13장은 유학이 동서고금의 모든 종교와 철학을 포괄하는 사상임을 천명하고, 그 내용으로 시중주의時中主義, 집대성주의集大成主義, 일용사물

당연주의日用事物當然主義, 지어지선주의止於至善主義를 제시하고 있다.

14장은 이러한 유학의 장점을 살려 부흥시킨다면 유교사상을 통한 태평세계의 실현이 가능함을 밝힌 것이다.

송기식은 이러한 구상을 통해, 역사 속에서 형성된 부정적인 요소와 그로 인한 부작용들을 걷어 내고 종교화를 통해 유학을 혁신시킨다면 유학의 부흥이 가능하고 그것을 통해 자강과 국권의 회복이라는 시대적 요구에 부응할 수 있음을 강조했다. 그러나 44세에 『유교유신론』을 통해 유교종교화의 구상을 제시한 이래 60세에 이르도록 자신의 구상을 실현하기 위해 백방으로 노력을 했지만 끝내 자신의 주장은 실현되지 못했다. 이를 그는 다음과 같이 말하고 있다.

> 저는 보잘것없는 먼 후생으로 국운이 기울어진 시대에 태어났기에 실로 선성先聖을 사모하고 대현大賢을 존숭하는 마음이 있습니다. 그래서 옛날에 도산서원에 의견을 올리는 편지를 썼지만 채택을 받지 못했고, 또 사서四書를 국역하여 전 국민이 일상에서 볼 수 있도록 하려고 했으나 누군가로부터 잃어버렸고, 또 『유교유신론』이 있어 유림에서 교화를 관장하는 사람에게 드렸으나 계획이 또 실행되지 못했습니다. 을해(1935) 연간에 향교의 모임을 가진 것이 서너 차례였지만 끝내 쓸데없는 일이 되고 말았습니다. 지금은 이미 늙고 병들어서 다시 이 일에 아무런 기대가 없습니다.34)

그의 유학종교화 구상에서 주목할 것은 '경敬'을 강조한 점이다. 경은

---

34) 같은 책, 권3, 「書·與李子愼不鎬」.

퇴계철학에서 학문과 수양의 핵심적인 요소일 뿐 아니라, 이후 퇴계학파에서 중시한 수양방법론이기도 하다. 특히, 그의 스승 김홍락의 사상에서 리기론理氣論 등 성리학적 이론에 대한 천착이 상대적으로 적은 대신 실제 수양공부의 요체인 경이 두드러지게 강조됨을 볼 수 있다. 송기식은 바로 그러한 학파적 유산인 경을 유학종교화의 관건적인 요소로 간주하고, 경을 통한 유학의 종교화가 유학 개혁과 국권 회복의 첩경임을 강조한 것이다. 송기식은 이러한 유교종교화의 구상을 실현하는 노력에도 힘을 기울여 녹동서원을 중심으로 강사를 양성하는 한편, 전국 단위의 조선유교회 운영에 참여했으며 전국 각 지역에 공자예배소를 설치하고 전교사를 파견하는 등의 활동에도 참여했다.

　이상과 같은 송기식의 유교종교화 구상은 약육강식의 국제질서 속에서 서구에 뒤진 과학기술 등 물질적 조건의 열세와 제도적 개혁의 한계를 정신적 요소를 통해 극복하기 위한 것이었다. 즉, 유학의 개인적 수양인 수신과 치국평천하라는 이상적 사회의 구현인 사회철학을 종교신앙화함으로써 그 실효성과 실천력을 담보하려는 것이었다. 또한 그것은 유교 내부 보수적 유학자에 의해 전개된 항일 의병투쟁이 봉착했던 한계에 대응한 유학 내부의 방향 전환이기도 했다. 당시 지식인들이 느꼈던 외세 위협의 중심에는 외래 종교인 기독교가 있었고, 이들 종교는 조상 제사의 거부 등 유학적 전통 가치와 심각한 충돌의 상태에 있었으므로, 전통적 가치와 의례를 본질로 하면서 서구의 기독교에 대응할 수 있는 유학의 종교화 길을 모색하게 된 것이다.[35]

4. 유교종교화 구상의 의의

송기식의 종교화를 통한 유교혁신의 구상과 실천은 국권 회복의 가능성은 점점 희미해져 가는 반면 당시의 유학은 현실적 무기력을 드러내던 위기의 상황에서 유학적 가치를 지키면서 서양의 문명을 받아들여 유학을 혁신하고 위기의 현실을 타개하려는 동도서기적 대응의 일환이었다. 그를 포함해 동도서기적 입장에 선 유학자들은 유학의 핵심 가치에 대한 신심에서는 위정척사의 입장을 견결히 지켰던 그들의 스승과 인식을 같이한다. 다만 그들은 당시의 유학이 이용후생의 실용적(器) 측면에서 한계를 드러냄을 인정하면서 일제의 침탈에서 벗어나는 자강을 도모하기 위해서는 유학의 혁신이 필요하며 이를 위해서는 서구 문물의 도입 등이 필요하다고 생각했다. 그러면 이들이 유학적 가치에 대한 신심을 지니면서도 서기西器의 수용으로 전환하는 내재적 계기는 무엇인가?

우선 이들은 대체로 주자를 넘어서 공자의 본원유학으로 소급해 그속에 담긴 실용적 경세사상에 주목한다. 내성內省 위주의 존덕성尊德性 중시에서 기인한 주자학적 협애성에서 벗어나 외물이 쓰임을 다함으로써 개체 생명의 존속에 기여하고 나아가 내면의 덕성 실현의 현실적 토대가 됨을 인정한다. 그럼으로써 외물을 덕성함양과 대립적 관계로 이해하는 데서 벗어나게 되고, 나아가 그것에 대한 적극적 이용도 정당화된다. 이

---

35) 이러한 배경에서 초기 이승희, 이병헌 등에 의해 시도된 공자교운동을 시작으로 이후 大同敎, 太極敎, 孔子敎會, 大聖敎 등으로 다양한 유교의 종교화가 나타나게 되었다.

처럼 일단 외물이 우리의 삶을 이롭게 하고 궁극적으로 덕성의 함양에 기여하는 것이라는 긍정적인 의의를 부여받게 되면, 서기西器라 하더라도 현실적 효용성을 지니고 이로움을 주는 한 적극적으로 긍정되게 된다.

이들은 그러한 실용적 관점에서의 서기西器를 포함하는 외물에 대한 긍정적 의미 부여의 가능성을 공자에게서 찾는다. 즉, 그들은 공자로 소급해 유학의 수기修己와 경세經世를 겸전兼全하던 유학 본래의 전통을 회복하자는 것이다. 그들에게는 송대 이래 성리학이 내성적 차원의 수기에 치중함으로써 상대적으로 경세의 실용적 측면을 소홀히 한 결과 유학을 협애화시켰다는 인식이 전제되어 있다.[36]

동도서기론적 입장에서 선 이들은 실용을 중시한 유학의 경세의 측면을 재조명하는 한편 주체의 자각과 능동성을 담보하는 전통적 수양법인 '경敬'을 강조한다. 이를 통해 그들은 협애한 철학으로 축소되고 교조화와 형해화의 길을 걷던 유학에 대한 일대 재정비를 시도한 것이다.[37]

위정척사론자의 주자일존적 입장과 달리 동도서기론적 절충의 관점을 지녔던 이들에게서 '복원復原'이라는 공자에의 회복 혹은 공자사상의 강조가 상대적으로 두드러지는 것은 주목할 만하다.[38] 공자에로 복원을

---

36) 송기식 역시 『儒敎維新論』「緖言」에서 당시의 유학에 대해 넓게 포괄하는 사상(儒敎包圍主義)에서 협애한 사상(近古狹隘主義)으로 빠졌다고 비판한다.
37) 정주학에 대한 이러한 평가는 이들의 유교혁신운동에 큰 영향을 주었으며 孔敎운동의 원조 격인 康有爲에게서도 동일하게 보인다. 강유위는 공교 복원의 전제로 공자 이래 축소 왜곡된 여러 유학 사조들을 비판하는 가운데 송대 성리학에 대해 공자의 전체 사상 중에서 修己의 학문만을 말하고 공자의 救世의 학문을 밝히지 않았다고 비판하고 있다. (梁啓超, 『飮氷室文集』, 6장 「宗敎家之康南海」)
38) 결국 그들은 모순적인 현실에 대한 대응에서 무력한 당대의 유학을 넘어서는 길을 객관적 조건의 열세를 극복할 주체의 정신적 역량 혹은 주관적 능동성에 대한 강조와

주장하는 이러한 동도서기론적 입장은 유학적 진리의 보편성과 절대성을 긍정한다는 점에서는 위정척사 진영의 유학 이해와 입장을 같이한다. 그런데 그들은 유학 자체는 긍정하되 당시 유학의 한계를 비판한다. 그리고 그러한 유학의 한계는 본원유학 자체에서 기인한 것이 아니라 그것을 제대로 계승하고 실천하지 못하는 당대 유학과 유학자들의 한계에서 기인한 것임을 분명히 한다. 그럼으로써 그들은 유학 자체에 대한 긍정과 동시에 한계를 지닌 현실의 유학에 대한 혁신의 주장을 양립시킬 수 있게 되는 것이다.

송기식을 포함한 이들 동도서기론적 유교혁신론자들의 현실 인식과 대응에서 우리는 두 가지의 주도적인 패턴을 발견할 수 있다. 그것은 실용성의 강조와 주체성의 강화이다. 이는 폐쇄적이고 따라서 자족적인 체제에서 주도적 사상으로서 배타성을 지닌 채 기능했던 유학이 근현대 전환기의 외재적 충격에 직면해 대응하는 과정에서 체현하게 된 공통적 경향성이다. 우선, 실용성의 강조는 서구의 기술과 무력이라는 현실적 힘에 대응할 수 있는 객관적 역량의 강화의 필요성에 의해 제기된다. 전통적 개념인 기(器)로 포괄될 수 있는 물질적 역량의 강화라는 실용 중시를 통한 자강의 길이다.

송기식의 '경(敬)'의 강조와 유학의 종교화 주장에서 확인되는 주체성의 강화는 서구의 기술과 무력이라는 압도적인 현실적 힘을 넘어서는 길은 주관적 역량의 강화를 통해서 가능하다는 인식에 따라 제기된다.

더불어 이미 실학이 시도한 바 있는 유학의 경세적 측면의 부활, 유학적 규범에 대한 시의적절한 재해석 등에서 찾았는데, 뒤의 두 모색을 공자로의 복귀에서 찾았다.

전통적 개념으로 말하면 주관적 역량이란 곧 심心이다. 이러한 방법 역시 주관능동성의 강화라는 정신적 역량의 극대화를 통해 추구한 자강自强의 길이라고 할 수 있는데, 송기식의 경우는 그것을 유교 종교를 통해 실현하고자 한 것이다.